MERIAN *momente*

ANDALUSIEN

PABLO SANTIAGO · ISABEL GÓNZÁLEZ ALEGRÍA
NINA WACKER

W0197043

ANDALUSIEN ENTDECKEN 4

ANDALUSIEN ERLEBEN 20

ANDALUSIEN ERKUNDEN 60

Córdoba und Jaén

Costa de la Luz · Sevilla · Granada und Umgebung · Almería und der Osten · Málaga und die Costa del Sol

TOUREN DURCH ANDALUSIEN 154

ANDALUSIEN ERFASSEN 162

KARTEN UND PLÄNE

ANDALUSIEN
ENTDECKEN

Córdoba: Blick auf das zum Glockenturm
umgebaute Minarett der Mezquita
(▶ S. 94).

UNSER ANDALUSIEN

Unser Andalusien ist eine Gegend, in der man mit offenen Armen aufgenommen wird. Auch wenn es nach Klischee klingt, so sind es die einfachen Dinge wie das Klima, die Menschen und die Landschaft, die uns immer wieder gerne zurückkommen lassen.

Schon nach dem ersten Besuch in dieser wunderschönen Region werden Sie feststellen, dass Sie noch nicht genug haben oder vielleicht nie genug haben werden. Bei der ersten Reise sollte man sich unbedingt auf die Höhepunkte Andalusiens konzentrieren und die imposante Palastanlage der Alhambra, die majestätisch über Granada thront, die atemberaubende Mezquita in Córdoba mit ihrem Säulenwald, die märchenhafte Altstadt Sevillas, in deren Zentrum sich die drittgrößte Kathedrale der Christenheit befindet, und das malerische Ronda, den Ort der Inspiration für viele Dichter der Romantik, besuchen.

Mit etwas mehr Zeit lohnt sich ein Aufenthalt an der etwa 800 km langen Küste. Für Naturfreunde, die Wassersport und lange Sandstrände lieben,

◄ Pilger standesgemäß zu Pferd auf dem
Weg zur Prozession in El Rocío (► S. 49).

eignet sich die Costa de la Luz, die sich am Atlantik von Ayamonte in der
Provinz Huelva über den Nationalpark Doñana, die älteste Stadt Spaniens, Cádiz, und das windumtoste, junge Tarifa bis hin zur britischen
Kronkolonie Gibraltar zieht und so für jeden etwas zu bieten hat. Son-
nenanbeter und Besucher, die auf exzellente touristische Infrastruktur
und jede Menge Freizeitvergnügen Wert legen, ziehen die Costa del Sol
vor. Auch weil man hier zu fast jeder Jahreszeit Urlaub machen kann,
denn die Costa del Sol kann über 300 Sonnentage im Jahr verzeichnen.

EINSAME STRÄNDE FÜR RUHESUCHENDE

Wenn man es etwas einsamer und privater haben möchte, dann sollte
man unbedingt die traumhaften, einsamen, unbebauten Buchten und
Strände des Naturparks Cabo de Gata besuchen. Auch diese Gegend eignet sich hervorragend zum Wandern, Mountainbiken und Kajakfahren.
Ruhesuchende können es sich im Inneren Andalusiens in einem der
schönen, kleinen Landhotels gemütlich machen und auf Ausflügen und
Wanderungen die Stille und die Schönheit der Natur genießen.
Wir alle haben viele glückliche Jahre in Andalusien verbracht und werden
auch immer wieder von Neuem von den besonderen Momenten, die hier
auf einen warten, verzaubert. Für einen von uns ist es die Heimat und für
die beiden anderen ist es zur zweiten Heimat geworden.

DAS LEBEN IST SCHÖN

Zur Einstimmung auf Ihre Reise möchten wir Ihnen an dieser Stelle einige Anregungen geben, damit Sie mit ebenso schönen Erinnerungen wie
wir an diese wunderbare Region zurückdenken.
In den größeren Städten pulsiert das Leben. Bei einem abendlichen Spaziergang durch die verwinkelten Gassen der Altstädte gibt es nichts Schö-
neres, als einfach einmal von Bar zu Bar zu ziehen und die Nacht mit
verschiedenen leckeren Tapas und ein paar Gläsern Sherry oder Wein zu
beginnen. In Granada ist es übrigens üblich, dass in den Bars zu jedem
Getränk eine Gratis-Tapa serviert wird!
Beobachten Sie, wie sich das sanfte Abendlicht in den Fensterornamen-
ten der Nasridenpaläste der Alhambra bricht, und schießen Sie die
schönsten Urlaubsbilder, die auch mit einer ganz normalen Kamera wie
kleine Kunstwerke aussehen.

Wenn man an einem lauen Frühlingsabend auf den Stufen der Plaza de Triunfo zwischen der Kathedrale und dem Alcázar in Sevilla sitzt, wenn der Himmel wie blauer Samt aussieht, man den betörenden Geruch der blühenden Orangenbäume einatmet und ein Straßenmusikant alte melancholische Stücke auf der klassischen Gitarre spielt, dann wünscht man sich nur noch, dass man die Zeit anhalten könnte, um diesen Moment so lange wie möglich auszukosten.

SEHENSWERT ZU ALLEN JAHRESZEITEN

Im Frühjahr stehen die Landschaften in voller Blüte. Stellen Sie sich vor, wie Sie es sich auf einer bunt blühenden Wiese in den Alpujarras mit einem Picknick gemütlich machen und den Blick auf die schneebedeckte Sierra Nevada genießen. An der Atlantikküste findet man zwischen Kiefernwäldern und Ozean herrliche Spazierwege, die mit Wandelröschen in allen erdenklichen Farben gesäumt sind. Viele Gebiete im Landesinneren sind zu dieser Zeit mit rosa und weißen Zistrosen übersät, und selbst an den Stränden findet man eine bunte Vegetation. Im Herbst ist die Landschaft nicht weniger interessant. Schon wenn man bei der Anreise mit dem Flugzeug aus dem Fenster schaut, sieht man das von der Sommersonne ausgetrocknete Land in den schönsten Erdtönen zwischen Gold, Ocker und Tiefrot leuchten.

GASTRONOMISCHE VIELFALT

In den warmen Monaten ist es eine Wohltat, die ruhige Kühle und Frische der andalusischen Patios (Innenhöfe) zu genießen, in denen es oft einen leise plätschernden Brunnen gibt. Es gibt viele Hotels, die über einen solchen Patio verfügen, aber auch viele Privathäuser öffnen die schweren Eingangstüren, um Fremde mit einem Blick auf ihr kleines Paradies zu erfreuen. Unvergleichlich ist das Patiofest in Córdoba, bei dem an den Wochenenden im Monat Mai viele Patios zugänglich gemacht werden und am Ende der schönste von allen prämiert wird.

Auch gastronomisch hat Andalusien einiges zu bieten: der köstliche Schinken vom Iberischen Schwein, der aus der Gegend um Jerez de la Frontera stammende Sherry, den man dort in zahlreichen Bodegas direkt beim Hersteller verkosten kann, der fangfrische Fisch und Meeresfrüchte von der Küste; in den Naturschutzgebieten der Sierras gibt es noch einige Ziegen- und Schafherden, aus deren Milch schmackhafter Käse hergestellt wird, und natürlich immer wieder die Tapa, die mancherorts als kleines Kunstwerk auf dem Teller zelebriert wird!

Wie in jedem fremden Land gibt es natürlich auch in Spanien und Andalusien einige Dinge, die man als Besucher beachten sollte. Die meisten Fettnäpfchen lassen sich aber leicht vermeiden:

Wenn Sie einmal ein Flamencokonzert sehen möchten, dann achten Sie einfach darauf, nicht in ein Etablissement zu gehen, in dem während der Vorführung auch Essen serviert wird. Die Küche in diesen Lokalen ist meist nicht überragend, und aus Respekt vor den Musikern, Tänzern und Sängern sollte man sich lieber auf die Darbietung konzentrieren. Auch das Mitklatschen beherrschen die wenigsten, und man wird dafür eher belächelt.

MACHEN SIE DOCH AUCH SIESTA!

Die Andalusier kleiden sich gerne elegant, und besonders am Abend macht man sich schick. Wenn man nicht gleich als Tourist erkannt werden möchte, dann sollte man am besten nicht mit kurzen Hosen und sportlichen Schuhen unterwegs sein.

Im Restaurant sollten Sie immer warten, bis Ihnen ein Tisch zugewiesen wird. Es ist auch unüblich, sich an einen Tisch dazuzusetzen. Das Trinkgeld wird erst, nachdem man den Rechnungsbetrag gezahlt hat, auf einem Tellerchen liegen gelassen.

In den Straßen der größeren Städte sind mittlerweile auch die großen Kaufhausketten und Modehäuser vertreten, aber es gibt immer noch viele kleine Lädchen, in denen man auch etwas Besonderes findet. Achten Sie darauf, dass Ihr Einkaufsbummel nicht in die Zeit der Siesta zwischen 14 und 17 Uhr fällt, weil dann die meisten kleinen Geschäfte geschlossen sind. Diese Zeit nutzt man am besten ebenfalls für eine Ruhepause und einen köstlichen »café cortado« (Espresso mit ein wenig Milch).

Wir hoffen, dass wir Ihnen Lust auf Andalusien gemacht haben und dass Ihnen dieser wunderschöne Landstrich voller Geschichte, Kultur, Emotion und Vergnügen genauso ans Herz wächst wie uns! ¡Buen viaje!

DIE AUTOREN

Der Journalist **Pablo Santiago Chiquero** (* Valenzuela) hat als Redakteur bei der Erstellung der »Enciclopedia General de Andalucía« mitgearbeitet und war viele Jahre als Drehbuchautor für Dokumentarfilme über Andalusien tätig.

Nina Wacker (* Karlsruhe) studierte Tourismusmanagement in Sevilla, wo sie die Region kennen und lieben lernte. **Isabel González Alegría** (* Cuenca) schwärmt für Granada, die Alpujarras und die Küste, seit sie an der Universität von Granada Übersetzen studierte.

MERIAN TopTen

*Diese Höhepunkte sollten Sie sich bei Ihrem Besuch auf keinen Fall
entgehen lassen: Ob Sevilla, die Alhambra von Granada
oder Ronda – MERIAN präsentiert Ihnen hier die wichtigsten
Sehenswürdigkeiten Andalusiens.*

 Bajo del Guía und Doñana

Die Mündung des Guadalquivir in den
Atlantischen Ozean ist ein einmaliges
Naturschauspiel (▶ S. 70, 71).

2 Sevilla

Die Hauptstadt Andalusiens hat: die
drittgrößte Kathedrale der Welt, die
Palastanlage Real Alcázar, das Altstadtviertel Barrio Santa Cruz und vor allem
jede Menge Leben (▶ S. 80)!

3 Die Mezquita von Córdoba

Lassen Sie sich von dem Säulenwald
der ehemaligen Moschee, in deren Mitte im 15. Jh. eine Kathedrale errichtet
wurde, verzaubern (▶ S. 94)!

 Übeda und Baeza

Die benachbarten Städte im Herzen
der Provinz Jaén sind wahre Kleinode
der Renaissance und ein Muss für jeden Besucher (▶ S. 103).

 **Die Sierras de Cazorla, Segura y
Las Villas**

Die Berge im Osten der Provinz Jaén
sind eines der größten Schutzgebiete
Europas. Mit etwas Glück bekommt
man hier Gänsegeier zu sehen (▶ S. 106).

 Ronda

Auch Rilke war beeindruckt vom Anblick der Stadt, die sich über die
Schlucht des Tajo spannt (▶ S. 122).

Die Alhambra von Granada

Die Festung mit Mauern und Wehrtürmen birgt in ihrem Inneren die Paläste und Gärten einer der schönsten Palastanlagen Europas (▶ S. 130).

Die Alpujarras

Das Erbe der Zeit, in der die kleinen Dörfer vom Rest des Landes fast abgeschnitten waren, gibt es auch heute noch in der Küche, der Architektur und dem Dialekt der Gegend. Authentizität pur (▶ S. 142)!

9 Cabo de Gata

In der wüstenähnlichen Landschaft finden sich so viele unbebaute Traumstrände wie sonst nirgends im europäischen Mittelmeerraum (▶ S. 151, 158).

10 Die weißen Dörfer der Sierra de Grazalema

Eine Landschaft wie ein Postkartenmotiv: Bergdörfer mit weißen Häusern, die sich an die Hänge der von Pinien und Steineichen bewachsenen Felsen schmiegen (▶ S. 156).

MERIAN Momente
Das kleine Glück auf Reisen

Oft sind es die kleinen Momente auf einer Reise, die am stärksten in Erinnerung bleiben – Momente, in denen Sie die leisen, feinen Seiten der Region kennenlernen. Hier geben wir Ihnen Tipps für kleine Auszeiten und neue Einblicke.

1 Entspannter und gesunder Start in den Tag

Die Andalusier lieben es, den Tag auf eine gesunde Art und Weise und am besten in einer der vielen Bars zu beginnen: mit einer großen Scheibe frisch geröstetem Brot, das mit einem guten Schuss Olivenöl Extra Virgen beträufelt wird. Als Belag dient eine frisch geriebene, sonnengereifte Tomate und ein kleines bisschen Salz. Jetzt fehlt nur noch ein Glas frisch gepresster Orangensaft und ein schöner starker »café con leche«, der meist in einem kleinen

Glas serviert wird. So sollte jeder Tag beginnen!

2 Erholsame Einsamkeit

Auch wenn es schwer zu glauben ist, gibt es in Andalusien immer noch eine große Anzahl an einsamen, unbebauten Stränden, die vor dem unglaublichen Bauboom der letzten Jahrzehnte gerettet werden konnten. Die größte Anzahl dieser Strände befindet sich an der Costa de la Luz und am Cabo de Gata. Mit ein wenig Glück hat man den Strand ganz für sich alleine. Wenn möglich, sollten Sie die Küstenregionen im Mai oder im Oktober besuchen, dann sieht man oft kilometerweit keine Menschenseele.

3 Sehen und gesehen werden bei Festen und Hochzeiten

Die meisten Andalusierinnen putzen sich gerne heraus, und die beste Gelegenheit dafür ist eine Hochzeit, die in Spanien immer noch ein wichtiges gesellschaftliches Ereignis ist. Freitagabends und samstags finden in den Kirchen der Städte immer sehr viele Hochzeiten statt. Wenn Sie einige festlich gekleidete Damen und Herren vor der Kirche sehen, dann setzen Sie sich doch einfach in das nächste Café oder auf eine Bank und beobachten ein bisschen das bunte Treiben. Auch so lernt man etwas über andere Völker und andere Sitten, und außerdem macht es Spaß, die schönen und manchmal auch nicht so gelungenen festlichen Outfits zu kommentieren!

4 Sherry-Vielfalt ⚑ C5

Der Sherry ist neben dem Olivenöl und dem iberischen Schinken der andalusische Exportschlager. Der Likörwein verdankt seinen Namen der Stadt Jerez

de la Frontera, wo man eine große Anzahl an Bodegas findet, die man auch besuchen kann, um dort direkt den leckeren Tropfen zu verkosten. Der Sherry ist ein Wein mit starkem Charakter und langer Geschichte, der größten Einfluss auf die Wirtschaft und das Leben der Region um Jerez de la Frontera genommen hat. Es gibt viele verschiedene Sherrysorten von trocken bis süß, sodass wirklich jeder seinen Lieblingssherry finden kann. Besonders lecker und appetitanregend ist er zum Aperitif mit einer kleinen Käse- und Schinkenplatte.

5 Ausblicke und heimliche Einblicke ▶ Klappe hinten, d 4

Der Glockenturm der Kathedrale Sevillas ist als Giralda bekannt und zählt zu den Wahrzeichen der Stadt. Dem ehemaligen Minarett aus der Zeit der arabischen Herrschaft wurde einfach ein Stockwerk für die Nutzung als Glockenturm aufgesetzt. Heute kann man die Giralda besichtigen. Der lange Aufstieg im Halbdunkel ist beschwerlich, aber immer wieder kann man durch die Nischen die schönsten Ausblicke auf das Dach der Kathedrale erhaschen. Oben angekommen, bieten sich

traumhafte Blicke auf die Dachlandschaft der Stadt mit ihren zahlreichen Terrassen und Schwimmbädern, den strahlend blauen Himmel und den Fluss Guadalquivir.

6 Erfrischende und belebende Kaffeespezialität

Nachmittags um 17 Uhr, wenn es Zeit wird für einen Kaffee und die Sonne immer noch brennt, dann sollte man auf die leckere Alternative des »café con hielo« (Kaffee mit Eis) umsteigen. Am besten schmeckt er auf der Basis eines »café cortado« (Espresso mit ein wenig Milch). Der Kaffee wird in einer kleinen Tasse serviert, dazu bekommt man ein Glas mit Eiswürfeln. Man süßt den Kaffee in der Tasse nach Geschmack und schüttet ihn anschließend in das Glas. Fertig ist ein wunderbar erfrischendes und anregendes Getränk fast ohne Kalorien!

7 Erholsame Auszeit und besinnliche Pause

An heißen Tagen, wenn die Sonne auf Andalusien brennt, sind die kühlsten und angenehmsten Orte die vielen Kirchen, Klöster und Konvente. Der Besuch einer dieser vielen Orte ist nicht nur wegen der oft atemberaubenden barocken Pracht ein außergewöhnliches Erlebnis, sondern auch eine wunderbare, erholsame Auszeit vom geschäftigen Treiben der Stadt und eine ganz besondere Art und Weise, Kräfte zu sammeln und sich zu entspannen.

8 Sehenswerte Patios, kühl und angenehm

Der andalusische Innenhof, Patio, ist das Ergebnis der Vereinigung zweier Bautraditionen: der römischen und der arabischen. Die Form des Patios erinnert an das Atrium der römischen Häuser, aber es waren die Araber, die das frische Plätschern der Brunnen und die Schönheit der Natur in Form von vielen Blumen und Grünpflanzen hinzufügten. Auch heute noch lassen sich auf einem Spaziergang in einer der Städte oder einem der Dörfer Hunderte Patios entdecken. Schauen Sie einfach hinein und genießen Sie die Erfrischung für Auge und Geist!

9 Leckerbissen aus Málagas Strandbars

Die Spezialität von Málagas Stränden sind »espetos«. Kleine Sardinen werden hier in den Strandbars, den sogenannten »chiringuitos«, am Spieß über dem offenen Feuer gegrillt. Schon alleine die Vorstellung von einem entspannten Nachmittag oder Abend am Strand, einem Liegestuhl, einem kühlen Getränk und diesem feinen Leckerbissen macht glücklich.

10 Lebhaftes Marktleben am Vormittag

Am Morgen sind die Markthallen der andalusischen Städte und Dörfer voller

Leben. Die beste Uhrzeit für einen Besuch ist zwischen 9 und 10 Uhr vormittags. Hier können Sie das frische Gemüse, Fisch, Fleisch und die wichtigsten landwirtschaftlichen Erzeugnisse der Region kennenlernen und manchmal auch probieren. Mit ein paar Brocken Spanisch kommt man hier auch schnell mit den Einheimischen ins Gespräch.

11 Sonnenuntergang mit Blick auf die Alhambra ▸ S. 131, c1

Die Sonnenuntergänge am Mirador de San Nicólas mit direktem Blick auf die Alhambra waren schon immer für ihre einzigartige Schönheit berühmt, wurden aber bei einem Besuch von Hillary und Bill Clinton in Granada nochmals bestätigt. Das viel gereiste Politikerpaar bezeichnete den Sonnenuntergang an diesem Aussichtspunkt als den schönsten der Welt! Übrigens verstecken sich im Altstadtviertel Albaicín auch viele kleine Aussichtspunkte, an denen man den Sonnenuntergang ganz privat genießen kann.

12 Ein Deckel als gastronomisches Erlebnis

Die Tapa in all ihrer Vielfalt und Formen ist ohne Zweifel der größte Beitrag Andalusiens zur internationalen Gastronomie. Tapa bedeutet nichts anderes als Deckel, und dieser Deckel in Form einer Brotscheibe wurde früher auf die Sherry- oder Weingläser gelegt, damit keine Fliegen hineinfielen. Im heutigen Sprachgebrauch ist aus dem Deckel eine kleine Köstlichkeit geworden, die zwar mit der regionalen Küche nicht viel zu tun hat, aber immer abwechslungsreich ist. Deshalb sollten Sie nicht zögern und unbedingt in einer der Bars oder Tavernen, in denen Einheimische zu finden sind, einen Sherry oder ein kaltes Bier und die »tapa del día« bestellen. Am besten planen Sie Ihre Tapa-Tour in Granada oder Almería, wo es üblich ist, dass Sie zu jedem bestellten Getränk eine Tapa gratis bekommen. Das ist natürlich schwierig, wenn Sie auf Diät sind, da es sich meist um kleine Kalorienbomben handelt, aber der Glücksmoment ist gewiss!

NEU ENTDECKT
Worüber man spricht

Andalusien befindet sich stetig im Wandel, Sehenswürdigkeiten werden eingeweiht, Attraktionen eröffnen, die Region verändert ihr Gesicht, durch neue Museen, Restaurants und Geschäfte erlangen ganze Landstriche neue Attraktivität. Hier erfahren Sie alles über die jüngsten Entwicklungen – damit Sie keinen dieser aktuell angesagten Orte verpassen.

◄ Blick über die Plaza de la Encarnación
(► S. 17) nach der Umgestaltung.

SEHENSWERTES

Metropol-Parasol de la Encarnación
► Klappe hinten, d 3

Sevilla ist eine sehr konservative Stadt, und das avantgardistische Projekt des deutschen Architekten Jürgen Mayer für die Plaza de la Encarnación im Herzen der Altstadt teilte die Einwohner Sevillas in zwei Lager: die Befürworter des Projekts und die erbitterten Gegner. Nach viel Polemik und enormen Mehrkosten beim Bau hat das Projekt der Plaza de la Encarnación neues Leben eingehaucht. Die moderne Konstruktion, die als eine Art Agora geplant wurde, beherbergt im Erdgeschoss eine Markthalle und eine große Anzahl an Bars. Im Untergeschoss kann man das Museo Antiquarium mit den römischen Überresten besichtigen, die jahrelang die Bauarbeiten auf der Plaza de la Encarnación behinderten. Auf dem Dach des Gebäudes befindet sich eine Tapas-Bar, von der aus man einen wunderbaren Ausblick auf die ganze Stadt genießt.

Sevilla | Plaza de la Encarnación s/n | Tel. 9 54 21 72 25 | Markthalle Mo–Sa morgens, Restaurant auf dem Dach (www.gastrosol.es) 12–0 Uhr, Museo Antiquarium Di–Sa 10–19.30, So 10–15 Uhr | Fahrstuhl zur Terrasse 1,40 €

Muelle de las Delicias und Muelle de Nueva York
► Klappe hinten, südl. d 6

Zu den schönsten Verbesserungen der Stadt Sevilla zählen der Umbau und die Öffnung der beiden Molen Muelle de las Delicias und Muelle de Nueva York, die bis vor Kurzem noch zum nicht öffentlich zugänglichen Gelände des Hafens von Sevilla gehörten. Die schönste Art, einen Spaziergang am Ufer des Guadalquivir abzuschließen, ist ein köstlicher Mojito in einer der schicken, neuen Bars am Rande der Uferpromenade.

Sevilla | Muelle de las Delicias s/n

Muelle Uno
► S. 115, e 3

Jahrzehntelang war die Küstenstadt Málaga durch den meterhohen Zaun des Hafengeländes vom Meer getrennt. Bei einem sehr glücklich verlaufenen städteplanerischen Projekt wurde der Hafen zur Stadt hin geöffnet, und es entstand einer der neuen Lieblingsorte der Malagueños, der Muelle Uno, eine angenehme Promenade direkt am Meer, die nun mit Geschäften, Bars und Cafés gefüllt ist.

Málaga | Muelle 1 | Tel. 9 52 00 39 42 | www.muelleuno.com | Geschäfte 10–22, Gastronomie 12–0 Uhr

Römisch-iberische Stadt Torreparedones
F 3

Bei einem Besuch in der Sierra Subbética lohnt sich ein Abstecher nach Baena. Außer der hübschen Altstadt hat die Stadt vor ihren Toren auch die hochinteressante archäologische Ausgrabungsstätte Torreparedones zu bieten, wo bei kürzlichen Ausgrabungen eine spektakuläre römische Stadt entdeckt wurde. Von hier aus genießt man majestätische Ausblicke auf die Ebene des Guadalquivir.

Baena | Parque Arqueológico de Torreparedones | Carretera A-3125 (15 km von Baena entfernt) | Tel. 9 57 67 17 57 | www.baenacultura.es | Di–So 10–14 Uhr | Eintritt 2 €

Sinagoga del Agua

G 2

Während Bauarbeiten an einem Privathaus im historischen Zentrum der Renaissancestadt Úbeda haben die Arbeiter eine Reihe von Gewölben im Untergrund des Hauses entdeckt, die zu einer mittelalterlichen Synagoge gehören. Kurioserweise handelt es sich dabei um einen der wenigen hebräischen Tempel, in dem noch die Mikwe, das traditionelle Tauchbad zur rituellen Reinigung, erhalten ist. Daher kommt übrigens auch der Name Sinagoga del Agua (Synagoge des Wassers).

Úbeda | Calle Roque Rojas, an der Ecke zu Calle Las Parras | Tel. 9 53 75 81 50 | www.sinagogadelagua.com | Mo–So 10–14 und 17–19.30 Uhr | Eintritt 4 €

MUSEEN UND GALERIEN

Centro Cultural Memoria de Andalucía

▶ S. 131, südl. b 3

In Andalusien gibt es Dutzende Museen, aber bislang hat sich keines ausschließlich der Geschichte, den Traditionen, den Monumenten und den Naturgebieten Andalusiens gewidmet. Dies aber ist Sinn und Zweck des neuen Kulturzentrums Memoria de Andalucía, das in Granada in einem spektakulären Gebäude des Architekten Alberto Campos Baeza untergebracht ist und das jetzt schon zu einem der neuen architektonischen Wahrzeichen der Stadt geworden ist.

Granada | Museo Memoria de Andalucía | Av de la Ciencia 2 | Tel. 9 58 22 22 57 | www.memoriadeandalucia. com | Di–Sa 9.30–14, Do–Sa 16–19, So und Feiertag 11–15, im Juli Mo–Sa 9–15, So und Feiertag 11–15 Uhr, Aug. geschl. | Eintritt 4 €, erm. 3 €

Centro de Arte Mudéjar

▶ Klappe hinten, d 2

Der Mudéjar-Stil, ein Baustil, bei dem christliche Baumeister auf Stilelemente und Bauweisen der ehemaligen arabischen Eroberer zurückgriffen, ist eines der interessantesten Identitätsmerkmale des andalusischen Kulturerbes. In Sevilla gibt es jetzt ein neues Museum über den Mudejár-Stil.

Sevilla | Palacio de los Marqueses de la Algaba | Plaza Calderón de la Barca s/n | Tel. 9 55 47 14 22 | Mo–Fr 10–14 und 17–21, Sa 10–14 Uhr | Eintritt frei

Museo Carmen Thyssen

▶ S. 115, c 3

Nach einem erbitterten Streit mit der Stadt Sevilla wurde die Stadt Málaga erwählt, die hervorragende Sammlung spanischer Gemälde aus dem 19. und 20. Jh. zu beherbergen, die sich im Besitz von Carmen Thyssen-Bornemisza, der Witwe des Barons Thyssen, befindet. Das hübsche kleine Museum, das wahre Kunstschätze versteckt, ist sehr zu empfehlen.

Málaga | Museo Carmen Thyssen | Calle Compañía 10 | Tel. 9 02 30 31 31 | www.carmenthyssenmalaga.org | Di–Do, So 10–20, Fr, Sa 10–21 Uhr | Eintritt 6 €, ermäßigt 3,50 €

ÜBERNACHTEN

La Almoraima  ⚓ A 5

Hübscher Garten und Schwimmbad – Castellar de la Frontera ist ein kleiner Ort in einer einzigartigen Umgebung: mitten im Naturpark Los Alcornocales und nur wenige Kilometer von Gibraltar und den herrliche Stränden des Atlantiks entfernt. Mit der Restaurierung dieses ehemaligen Klosters aus dem 16. Jh. wurde eines der schönsten Hotels Andalusiens geschaffen.

Castellar de la Frontera | Finca la Almoraima | Carretera Algeciras-Ronda | Tel. 9 56 69 30 02 | www.laalmoraimahotel. com | 23 Zimmer | ♿ | €€€

ESSEN UND TRINKEN

Arrocería Casa Pepe Sanchís

▶ S. 95, westl. c 4

Viele Stammgäste – Sie schwärmen seit Jahren davon, dass es in der Casa Pape Sanchís in Montoro die besten Paellas und Reisgerichte Andalusiens gibt. Jetzt auch in Córdoba!

Córdoba | Calle Naranjal de Almagro 12 | Tel. 9 57 41 22 95 und mobil 6 10 02 10 92 | www.arroceriacasapepesanchis. es | Di–Fr 8–0, Sa 11–0, So 10–16.30, Mo geschl. | €€€

EINKAUFEN

Mercado Victoria ▶ S. 95, a 2

Die Jardines de la Victoria im Zentrum Córdobas waren einst Schauplatz der »feria«, der alten Viehmesse der Stadt. Aus dieser Zeit besteht noch ein hübscher Stahlpavillon aus dem 19. Jh., der in einen kleinen Markt mit schmucken Geschäften und Bars umgebaut wurde, in denen man das beste gastronomische Angebot der Stadt findet.

Córdoba | Paseo de La Victoria s/n | Tel. mobil 6 08 72 12 40 | www.mercado victoria.com | Mo–Do 10–0, Fr, Sa 10– 2 Uhr

⚑ Weitere Neuentdeckungen sind durch dieses Symbol gekennzeichnet.

Málaga von einer überraschenden Seite: die neu gestaltete Hafenmole Muelle Uno (▶ S. 17) mit Cafés und Bars, Geschäften und Jachthafen. Im Hintergrund die Altstadt.

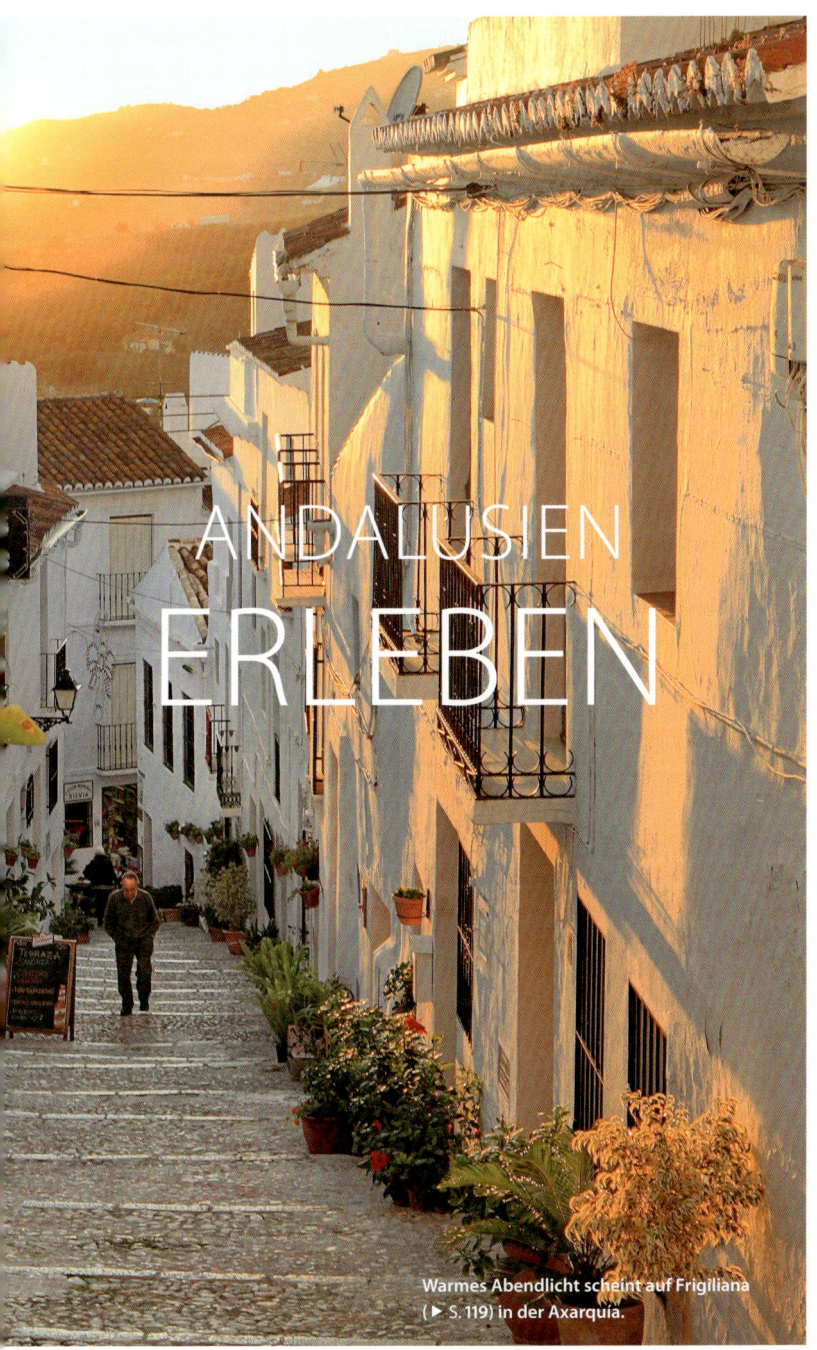

ANDALUSIEN ERLEBEN

Warmes Abendlicht scheint auf Frigiliana
(▶ S. 119) in der Axarquía.

ÜBERNACHTEN

*Besondere Unterkünfte findet man in einem der vielen umgebauten
Adelspaläste, Klöster, Landgüter, in Burgen oder Bauernhöfen.
Andalusien besitzt ein enormes Erbe an historischen Gebäuden;
die Symbiose zwischen Denkmal und Hotel ist sehr reizvoll.*

Mit etwa 30 Millionen Besuchern im Jahr ist Andalusien eines der beliebtesten Reiseziele Europas. So ist es auch nicht überraschend, dass Andalusien wirklich für jeden Gast die passende Unterkunft zu bieten hat und dass jedes Jahr Hunderte von neuen Hotels, Pensionen und Ferienanlagen eröffnet werden. Im Allgemeinen sind die Qualitätsstandards der andalusischen Hotels sehr hoch, und es gibt viele Unterkünfte mit Charme und einer besonderen Atmosphäre, die den Aufenthalt zu etwas Besonderem machen. Ein Beispiel sind die Hotels der vom spanischen Staat geführten Hotelkette **Paradores**, die seit 1926 eine außerordentliche Arbeit für den Erhalt historischer Gebäude leistet.
Die Paradores sind allerdings nicht die einzigen charmanten Hotels, die in historischen Gebäuden untergebracht sind. Andalusien war seit jeher eine Region, in der große Klassenunterschiede herrschten und in der die

◀ Das Hotel Alfonso XIII (▶ S. 24) beeindruckt durch seinen maurischen Stil.

einflussreichen Familien von Adligen, Grundbesitzern und Händlern in
enormen Häusern und Palästen lebten, die genügend Platz für die Familie
und eine große Anzahl an Bediensteten boten. Viele Stadtpaläste wurden
zu luxuriösen Hotels umgebaut und bilden nun den repräsentativsten Teil
des Angebotes von Städten wie Sevilla oder Granada.

STADTPALÄSTE UND LANDHOTELS

In gleicher Weise wurde auch mit vielen Gutshäusern verfahren, die sich
überall in den ländlichen Bereichen des westlichen Andalusiens finden.
Viele dieser **Haciendas** sind heute wunderschöne Landhotels, die teilweise sehr moderate Preise bieten. In den letzten Jahren kamen zu den schon
bestehenden Haciendas viele neue Unterkünfte auf dem Land hinzu. Die
sogenannten **Casas Rurales** sind kleinere, private Unterkünfte, die sich
besonders für Familien und kleine Gruppen von Freunden eignen und
natürlich entspechend preisgünstiger sind als Hotels.

In Andalusien bzw. in ganz Spanien wird die Qualität von Unterkünften
mit 1 bis 5 Sternen bewertet. Dieses Bewertungssytem wird sogar gesetz-
lich reguliert. Hostals und Pensionen können eine Wertung von 1 bis zu 2
Sternen erlangen und sind eher einfache Unterkünfte. In der 3-Sterne-
Kategorie lassen sich hauptsächlich Mittelklassehotels finden, die für Reisende mit einem nicht besonders hohen Budget, aber einem gewissen
Anspruch an Komfort und Sauberkeit geeignet sind. Allerdings kann
man in dieser Kategorie auch wahre Schmuckstücke finden, denen der
vierte oder fünfte Stern wegen eines fehlenden Aufzugs oder dem Fehlen
eines eigenen Restaurants verwehrt wird. Bei den 4-Sterne-Hotels finden
sich sowohl ganz individuelle Unterkünfte als auch die bekannten Hotel-
ketten und Businesshotels, die alle über einen guten Service und viele
Annehmlichkeiten verfügen. Sehr luxuriös sind natürlich die 5-Sterne-
Hotels, von denen sich nochmals die Hotels mit der Bezeichnung 5 Sterne
GL (»Gran Lujo«, Großer Luxus) absplitten lassen, in denen der Gast
wirklich noch König ist. Diese Einteilung ist jedoch sehr generell, und
man muss erwähnen, dass gerade in den letzten Jahren viele sehr charmante **Hostals** eröffnet wurden, die einem Hotel in nichts nachstehen,
sich aber aufgrund der geringen Zimmerzahl oder der Größe der Räumlichkeiten nicht Hotel nennen dürfen. Die Preise sind meist pro Nacht
und Zimmer zu verstehen.

Was das Frühstück anbelangt, so ist dieses in den einfacheren Hotels meist nicht sehr großzügig. In diesem Fall ist es immer besser, das Zimmer ohne Frühstück zu buchen und in der nächsten Bar zum moderaten Preis von etwa 5 € ein echt spanisches Frühstück mit geröstetem Brot, Olivenöl, Tomate, Schinken oder Käse und Kaffee zu sich zu nehmen.

BESONDERE EMPFEHLUNGEN

Carmen del Cobertizo ▸ S. 131, c 2

Historischer Charme in Granada – Ein Carmen ist ein traditionelles granadisches Haus, das immer von einem Garten umgeben ist. Das Hotel Carmen del Cobertizo stammt aus dem 16. Jh. und bietet seinen Gästen nur 6 Zimmer und einen romantischen Garten, in dem man wunderbar entspannen kann. Von der Suite des Hauses genießt man einen unbezahlbaren Blick auf die Alhambra.

Granada | Calle Cobertizo de Santa Inés 6 | Tel. 9 58 22 76 52 | www.carmendelcobertizo.es | 6 Zimmer | €€€

> **Entspannter und gesunder Start in den Tag** ❶
>
> Ein andalusisches Frühstück besteht aus: frisch geröstetem Brot mit Tomate, frisch gepresstem Orangensaft und natürlich einem Kaffee. Guten Appetit (▸ S. 12)!

Casas Karen 🏖 A 6

Entspannung in der Strandhütte – Die kleine Anlage liegt an der Costa de la Luz in Los Caños de Meca und besteht aus mehreren strohgedeckten Hütten aus Holz und Schilf und einem kleinen Landhaus, das in mehrere Wohneinheiten aufgeteilt ist. Um die Anlage herum befindet sich ein großer Garten mit vielen einheimischen Pflanzen. Der Strand und der Leuchtturm von Trafalgar sind nur einen kurzen Spaziergang entfernt.

Los Caños de Meca | Camino del Monte 6 | Tel. 9 56 43 70 67 | www.casaskaren.com | 10 Ferienwohnungen und Apartments | €

Las casas de la Judería ▸ S. 95, a 4

Im Herzen der Altstadt – Das Hotel liegt mitten in der Altstadt Córdobas und besteht aus mehreren Gebäuden aus dem 17. und 18. Jh., die liebevoll renoviert und zum Hotel umgebaut wurden. Das Haus ist mit Antiquitäten und echtem cordobesischen Kunsthandwerk eingerichtet und verfügt über mehrere idyllische Patios sowie ein Schwimmbad mit Sonnenterrasse.

Córdoba | Calle Tomás Conde 10 | Tel. 9 57 20 20 95 | www.casasypalacios.com | 64 Zimmer | ♿ | €€€

Hotel Alfonso XIII ▸ Klappe hinten, d 5

Herrschaftlicher Glanz – Das für die Iberoamerikanische Ausstellung 1929 erbaute Luxushotel war als Unterkunft für internationale Würdenträger bestimmt und wurde vom damaligen König Alfonso XIII persönlich eingeweiht. In dem imposanten Bau im historischen Stil ist noch immer der Glanz der Vergangenheit zu spüren, und nach der umfangreichen Renovierung im Jahr 2012 gehört das Haus wieder zu den besten Hotels Europas. Zu den Gästen zählen Mitglieder vieler Königshäuser und auch internationale Stars wie Brad Pitt oder Shakira.

Sevilla | Calle San Fernando 2 | Tel. 9 54 91 70 00 | www.hotel-alfonsoxiii-seville.com | 151 Zimmer | ♿ | €€€€

Hotel la Fuente de la Higuera ⚓ D 5

Romantisches Landleben – Ganz in der Nähe Rondas befindet sich diese historische Ölmühle, die in ein Boutique-Hotel umgewandelt wurde. Die Bettwäsche aus ägyptischer Baumwolle, der private Balkon oder die Terrasse, der wunderschöne Garten, das ausgezeichnete Restaurant ... all dies sorgt dafür, dass man hier eigentlich gar nicht mehr weg will.

Ronda | Partido de los Frontones s/n | Tel. 9 52 16 56 08 | www.hotellafuente.com | 11 Zimmer | €€€€

Parador de Úbeda ⚓ G 3

Wohnen im Palast – Der Parador von Úbeda zählt zu den schönsten Paradores in Spanien. Das Hotel ist in einem Renaissancepalast aus dem 16. Jh. untergebracht, der früher von Würdenträgern der Kirche bewohnt wurde. Frühstück mit lokalen Produkten.

Úbeda | Plaza de Vázquez Molina s/n | Tel. 9 53 75 12 59 | www.parador.es | 35 Zimmer | ♿ | €€€

Weitere empfehlenswerte Adressen finden Sie im Kapitel ANDALUSIEN ERKUNDEN.

Preise für ein Doppelzimmer mit Frühstück:

€€€€	ab 180 €	€€€	ab 100 €
€€	ab 60 €	€	bis 60 €

Im Hotel la Fuente de la Higuera (▶ S. 25) in Ronda wird der Gast rundum verwöhnt – sei es im Restaurant oder einfach mit weiten Ausblicken, Ruhe und stilvoller Einrichtung.

ESSEN UND TRINKEN

Die vielfältige heutige Küche Andalusiens ist das Ergebnis des langsamen Zusammenschmelzens der verschiedenen Kulturen, die sich im Laufe der Zeit in diesem Landstrich niederließen und ihre Traditionen an die örtlichen Bedingungen anpassten.

Jahrhundertelang verschmolzen in der andalusischen Gastronomie die Traditionen und Rezepte der Römer, Araber, Sepharden und Kastilier. Die Entdeckung des amerikanischen Kontinents brachte neue Lebensmittel wie Tomaten, Kartoffeln oder Paprika in den Hafen von Sevilla. Das wohl beste Beispiel für das Verschmelzen dieser vielen Einflüsse ist sicherlich der »salmorejo«, eines der am weitesten verbreiteten Gerichte Andalusiens. Das ursprüngliche Gericht aus Wasser, trockenem Brot, Olivenöl und Knoblauch gehörte schon zur täglichen Nahrung der römischen Legionäre. Später wurde das Wasser durch Tomaten ersetzt, um der leckeren, dickflüssigen Suppe ihre so typische Farbe und den frischen Geschmack zu geben. Heute wird der »salmorejo« als typisch für die Region Córdoba angesehen und mit einer Beilage aus klein gehacktem Schinken und gekochten Eiern serviert.

◄ So lecker sieht der »salmorejo« mit seinen
Zutaten (► S. 26) aus.

Die Araber hatten den größten Einfluss auf die andalusischen Süßwaren,
deren traditionelle Rezepte bis heute unverändert sind und die fast alle
auf der Basis von Mandeln, Honig und Zimt hergestellt werden. Das
meiste Kleingebäck wird in heißem Olivenöl ausgebacken und danach in
Zucker gewälzt. Die aus den Wüsten Nordafrikas stammenden Araber
waren aber auch großartige Gärtner, die sich bestens mit Bewässerungs-
systemen auskannten und viele Obst- und Gemüsesorten wie Orangen,
Artischocken und Auberginen einführten, die heute aus der andalusischen Küche nicht mehr wegzudenken sind. Das kulinarische Erbe der
sephardischen Juden ist etwas verschwommener, aber nicht weniger
wichtig. Das populäre Eintopfgericht »**cocido**«, ein Eintopf aus Kichererbsen, Gemüse und wenig Fleisch, hat seinen Ursprung in einem sehr
ähnlichen Gericht der sephardischen Küche namens »adafina«.

ANDALUSIEN, EIN SCHMELZTIEGEL

Jedoch sind es nicht nur historische Ereignisse, die die kulinarische Vielfalt der Region beeinflussen. Die geografischen Verhältnisse Andalusiens
erlauben auch viele verschiedene Formen der Landwirtschaft und Viehzucht. Zur Fülle an Olivenöl, Gemüse, Obst und Wein kommen noch andere Spezialitäten wie der iberische Schinken. Auch die Wildgerichte aus
den bergigen Regionen der Sierras darf man nicht vergessen. In den Alpujarras, wo die arabischen Traditionen am längsten überlebten, werden
leckere Eintöpfe mit Lamm oder Zicklein zubereitet.
Dank der fast 900 km langen Küste gibt es noch eine große Fischereitra-
dition. Täglich kommt der Fang, der solche Köstlichkeiten wie Dorade,
Seezunge, Sardinen oder Thunfisch beinhaltet, in die Häfen.
Zu den besten kulinarischen Erzeugnissen gehören natürlich auch die
Weine Andalusiens. Der bekannteste Wein ist sicherlich der **Sherry** aus
der Gegend um das Städtchen Jerez de la Frontera. Auch wenn der Ruhm
des Sherrys lange Schatten auf die anderen Weinbaugebiete wirft, finden
Weinliebhaber in Andalusien noch andere Schätze wie zum Beispiel die
Weine aus den Gebieten Montilla-Moriles, Condado de Huelva, Montes
de Málaga oder Contraviesa in der Provinz Granada, wo die höchstgelegenen Reben Europas angebaut werden.
Das Aufkommen des Tourismus hat dafür gesorgt, dass ein kleines Appetithäppchen, das im engeren Sinne nicht viel mit der traditionellen anda-

lusischen Küche zu tun hat, zu Weltruhm gelangte: die Tapa. Ursprünglich waren **Tapas** dünne, mit Wurst, Käse oder Schinken belegte Brotscheiben, die als Deckel auf den Gläsern mit Getränken serviert wurden, damit keine Fliegen hineinfielen. Heute sind Tapas fast schon ein Kulturgut. Gewiss ist, dass die Tapa die andalusische Küche berühmt gemacht und auf der ganzen Welt verbreitet hat und noch dazu den Hintergrund für das gesellschaftliche Ritual des »tapeo« (gemeinsames Tapasessen mit Freunden) bietet. Der Besucher sollte beachten, dass Tapas nur in Bars, Tabernas und Bodegas serviert werden. In Restaurants sucht man die Leckereien vergeblich auf der Speisekarte. Bei großem Hunger oder wenn mehrere das Gleiche essen möchten, kann man statt der Tapa oft auch eine »media ración« oder »ración« bestellen.

BESONDERE EMPFEHLUNGEN
RESTAURANTS

Calima 　　　　　　　　　　　🔖 E 5

Spitzenküche auf andalusisch – Das Restaurant des Spitzenkochs Dani García ist mit zwei Michelin-Sternen ausgezeichnet. Die Mischung aus Tradition und Avantgarde zieht sich durch das ganze Restaurant und ist das Markenzeichen der Küche. Dani Garcia experimentiert mit Kontrasten und wird jedem Gast ein ganz außergewöhnliches Erlebnis schenken.

Wollen Sie's wagen ?

Trauen Sie sich, das zu verkosten? Auf den Speisekarten der Bars findet man oft Tapas vom Schwein: »criadillas« sind in Scheiben geschnittene und frittierte Schweinehoden, »callos« ist ein Eintopf aus Magen, Gedärm und anderen Innereien, es gibt »orejas de cerdo« (frittierte Schweineohren) und »manitas de cerdo en salsa« (Schweinefüße in Soße).

Marbella | Calle Jose Melia s/n | Tel. 9 52 76 42 52 | www.restaurantecalima. es | Di–Fr19.30–22, Sa 13.30–14.30 Uhr

Casa Bigote 　　　　　　　　　🔖 B 4

Eines der besten Fischrestaurants – Das Casa Bigote existiert schon seit über 60 Jahren und hat sich mit der Zeit von einer von Fischern frequentierten Taverne zu einem der besten Fischrestaurants Andalusien gewandelt. Auch heute noch wird es von der Familie Bigote geführt. Eine der Spezialitäten des Restaurants ist »arroz caldoso« (eine Art Risotto, Reis in der Brühe) mit frischem Fisch.
Sanlúcar de Barrameda | Bajo de Guía 10 | Tel. 9 56 36 26 95 | www.restaurante casabigote.com | Mo–Sa 13–16 und 20–0 Uhr, So und Nov. geschl.

Casa Morales 　　　▶ Klappe hinten, c 4

Tapas in historischem Ambiente – In der traditionellen Bodega-Bar gibt es eine kleine Auswahl an leckeren, preisgünstigen Tapas und eine große Auswahl an Weinen. Das Ambiente ist rustikal und gemütlich. Besonders gerne werden die »montaditos« (kleine belegte Brötchen) bestellt, die den ersten Hunger hervorragend stillen und zum Wein eine gute Grundlage bieten.

Sevilla | Calle García de Vinuesa 11 | Tel. 9 54 22 12 42 | Mo–Sa 12–16 und 20–0 Uhr, So geschl.

El Caballo Rojo ▶ S. 95, b 3

Traditionelle andalusische Küche – Das Caballo Rojo ist schon lange als eines der besten Restaurants in Córdoba bekannt und besticht durch seine gemütliche Einrichtung. Empfehlenswert: »rabo de Toro« (Ochsenschwanz), »habitas con jamón« (junge Saubohnen mit Schinken), »alcauciles« (kleine Artischocken).

Córdoba | Calle Cardenal Herrero 28 | Tel. 9 57 47 53 75 | www.elcaballorojo. com | tgl. 13–16 und 20–23.30 Uhr

CAFÉS

Casa Isla ▶ S. 131, b 1

Spezialität aus Granada – »Piononos« sind eine typische Süßspeise aus Granada und werden jeden Tag in der Hausbäckerei Casa Isla nach Geheimrezept frisch hergestellt. Achtung: Die süße Köstlichkeit macht süchtig und auf Dauer auch dick!

Granada | Av de la Constitución 48 | Tel. 9 58 28 40 12 | www.pionono.com | tgl. 8.30–21.30 Uhr

Weitere empfehlenswerte Adressen finden Sie im Kapitel ANDALUSIEN ERKUNDEN.

Preise für ein dreigängiges Menü:

€€€€	ab 50 €	€€€	ab 35 €
€€	ab 15 €	€	bis 15 €

Preise für Tapas:

€€€€	ab 7 €	€€€	ab 5 €
€€	ab 2 €	€	bis 2 €

In den Weinbergen bei Jerez (▶ S. 67) werden Trauben für den weltbekannten Sherry geerntet. Sherry zählt, auch wenn er nicht süß sein muss, zur Kategorie der Likörweine.

Grüner reisen
Urlaub nachhaltig genießen

Wer zu Hause umweltbewusst lebt, möchte vielleicht auch im Urlaub Menschen unterstützen, denen ein verantwortungsvoller Umgang mit der Natur am Herzen liegt. Empfehlenswerte Projekte, mit denen Sie sich und der Umwelt einen Gefallen tun können, finden Sie hier.

Fast 20 Prozent der Landesoberfläche Andalusiens wurden mittlerweile von der Regierung zu Naturschutzgebieten erklärt. Diese insgesamt 80 verschiedenen Gebiete werden in Naturreservate, Naturparks und Naturlandschaften unterteilt. Unter ihnen befinden sich etwa die weltweit einzigartigen andalusischen Tannenwälder der Sierra de las Nieves, der Sierra de Grazalema und der Sierra Bermeja oder Europas einzige Wüste in Tabernas, Almería.

Die andalusische Regierung und der spanische Staat arbeiten daran, das Bewusstsein für den Schutz und Erhalt der Natur in der Bevölkerung zu wecken und so das ökologische Gleichgewicht dieser vielfältigen Region erhalten zu können. Das Thema Ökotourismus und nachhaltiges Reisen wird auch für Spanien immer wichtiger, und viele Regionen wie Andalusien sind in Zusammenarbeit mit privaten Initiativen daran interessiert, an Umweltprogrammen teilzunehmen und bestimmte Regelungen zum Schutz der Umwelt umzusetzen.

Durch das neue Umweltverständnis, die Hilfen von staatlicher Seite und nicht zuletzt auch aufgrund der Wirtschaftskrise beschließen immer mehr Menschen, aufs Land zurückzukehren, um gesund und stressfrei von der ökologischen Landwirtschaft und dem Ökotourismus zu leben.

ÜBERNACHTEN

Cortijo Casería del Mercado   G 4

Mit ihrer bewussten Lebensart gehen Katy und Joaquín mit gutem Beispiel voran. Nach vielen Jahren in Südamerika fassten sie den Entschluss, zurück in Joaquíns Heimat El Cortijo Casería del Mercado in die Alpujarras zu kehren und sich dort dem Land und den Tieren zu widmen. Sie gründeten eine Familie, renovierten die Häuser, bearbeiten die Felder des »cortijos« nach traditionellen und ökologischen Richtlinien und fördern den sogenannten Agrotourismus (Urlaub auf dem Land), auch indem sie gegen Kost und Logis Freiwilligenarbeit anbieten, die für beide Seiten sehr bereichernd ist. Bei ihnen kann man in einem 120 Jahre alten andalusischen »cortijo« (Bauernhaus) bei Trevélez, dem höchstgelegenen Ort Spaniens, die wunderschöne Natur, traditionelle Gastronomie mit besten Zutaten aus dem eigenen Garten und die andalusische Herzlichkeit erleben.

Almegíjar | Cortijo Casería del Mercado | Tel. mobil 6 50 80 44 66 | www.facebook.com/caseriademercado/info

Finca Cuevas Andalucía   H 3

Aurôre und Sam, die Eigentümer der Cuevas Andalucia, freuen sich, Sie im historischen Süden Spaniens, im Herzen des westlichen Andalusiens, in einer Region begrüßen zu dürfen, die noch vom Massentourismus verschont geblieben ist. Ihre Unterkünfte mit einer Beherbergungskapazität von 2, 4 oder 8–10 Personen sind mit Solarpanelen für die Heißwasserbereitung sowie einer fotovoltaischen Anlage zur Stromerzeugung ausgestattet. Der Komfort einer »cueva« (trogloditische Höhlenwohnung) wird Sie begeistern.

Baza | Camino de Oria, s/n (Apartado de correo 218) | Tel. 9 58 06 31 13 und mobil 6 17 24 01 92 | cuevandalucia@gmail.com | €€

Hotel Fuerte Grazalema   D 5

Das Hotel bietet atemberaubende Ausblicke und eine traumhafte ruhige Lage inmitten der Natur. Auch die Küche lässt kaum Wünsche offen, was man schon am großartigen Frühstücksbüfett merkt. Die Hotelleitung fühlt sich dem Umweltschutz verpflichtet und trifft ständig neue Maßnahmen für den Erhalt der Umwelt.

Grazalema | Baldío de los Alamillos Carretera A-372, km 53 | Tel. 9 56 13 30 00 | www.fuertehoteles.com/hotel/fuerte-grazalema | 74 Zimmer | ♿ | €€€

The Hoopoe Yurt Hotel   D 5

Das Hoopoe Hotel ist ein von Olivenbäumen und Korkeichen umgebenes Mini-Dorf aus fünf echten mongolischen Jurten. Jede Jurte verfügt über ein eigenes Badezimmer mit hübschem Terrakotta-Becken und umweltfreundlicher Kompost-Toilette. Der Sinn für Nachhaltigkeit der Besitzer macht sich auch an anderen Stellen bemerkbar:

Der Strom wird über Solarenergie erzeugt, und die zum Frühstück, Mittag- und Abendessen servierten Verführungen stammen überwiegend aus lokaler Erzeugung. Wer in einer solch wunderbaren Atmosphäre dennoch Unterstützung bei der Entspannung benötigt, kann eine Open-Air-Massage, Fußreflexzonenbehandlung oder Yoga-Einzelunterricht buchen.

Cortes de la Frontera | Apartado de Correos 23 | Tel. mobil 6 60 66 82 41/ 6 96 66 83 88 | www.yurthotel.com | €€€

ESSEN UND TRINKEN

Arte de Cozina 🏃 E 4

In diesem Restaurant engagiert man sich für die gastronomischen Traditionen der Provinz von Málaga, ist Teil der Slow-Food-Bewegung und stolzer Gewinner des Tapaswettbewerbs der Provinz. Im Winter sitzt man gemütlich am Kamin und im Sommer auf der schönen Terrasse.

Antequera | Calle Calzada 31 | Tel. 9 52 84 00 14 | www.artedecozina.com | tgl. 13–23 Uhr | €€–€€€

Eco Center Tarifa C 6

Das Eco Center in Tarifa ist eine Kooperative, die auf ökologische Lebensmittel aus der Region setzt und so zu einem Anlaufpunkt für »Genossen« der Kooperative, für Einwohner Tarifas und auch für Reisende wurde. Das Restaurant des Eco Centers bietet köstliche vegetarische Gerichte aus regionalen Lebensmitteln. Jeden Montag finden thematische Abendessen mit überraschenden Zutaten statt.

Tarifa | Calle San Sebastian 6 | Tel. 9 56 68 53 62 | www.tarifaecocenter.com

EINKAUFEN

Mercado Social de Sevilla

▶ Klappe hinten, d 1

Der Soziale Markt ist ein von verschiedenen Vereinen und NGOs selbst verwaltetes Projekt in Sevilla, das die lokalen Hersteller und eine ökologische, handgemachte und faire Herstellung unterstützt.

🕒 Der Soziale Markt ist Mo–Fr von 10.30–14.30 und von 18–21 sowie Sa von 10.30–14.30 Uhr geöffnet.

Sevilla | Calle Aniceto Sainz 1 (Plaza del Pumarejo) | Tel. 9 55 32 26 91 | http://larendija.eu

AKTIVITÄTEN

Ölmühle Núñez de Prado F 3

Im Herzen Andalusiens, das zu den wichtigsten Olivenanbaugebieten der Welt zählt, widmet sich die Familie Nuñez de Prado seit 1795 und nunmehr sieben Generationen der Herstellung kostbarstem Olivenöls. Als einer der ersten Olivenölproduzenten weltweit bewirtschaftet die Familie die eigenen Landgüter nach streng ökologischen Richtlinien. Die Familie produziert ein berühmtes Olivenöl, das sogenannte Tropföl, welches nur durch das Eigengewicht der Olivenmasse gepresst wird. Dieses Öl tropft ohne mechanische Pressung aus der zermahlenen Olivenmasse. Die Oliven werden noch von Hand gepflückt, und die Mühlen arbeiten noch mit tonnenschweren Granitsteinen. Man nennt das durch Abtropfen gewonnene Öl auch liebevoll die Blume des Öls (»la flor de aceite«). Bei einem Besuch der Landgüter und der Olivenmühle der Familie Nuñez de Prado können Sie den Herstellungsprozess beobachten.

Baena | Av Cervantes 15 | Tel. 9 57 67
01 41 | nunezdeprado@hotmail.com |
Fr 15–18 Uhr (nach Vereinbarung), Sa 9–12
Uhr (immer geöffnet), Besichtigungen
kostenlos auf Anfrage von März bis Okt.

Route Vía Verde de la Sierra und Vogelbeobachtung im Naturreservat Peñón de Zaframagón 📍 D 4

Die Route der Vía Verde de la Sierra ist
ein 36 km langes, als Rad- und Wan-
derweg ausgebautes Teilstück der alten
Bahnlinie zwischen Puerto Serrano
und Olvera in der Provinz Cádiz. Die
Strecke, auf der man, ungestört vom
Autoverkehr, mitten durch eine wunderschöne Landschaft mit malerischen
weißen Dörfern radeln oder wandern
kann, geht auch durch insgesamt
30 alte Eisenbahntunnel. Die Vía Verde
de la Sierra verfügt über Zugänge in
den Dörfer Puerto Serrano, Coripe
und Olvera, und am Wochenende und
an Feiertagen patrouilliert ein Team
von Mitarbeitern des Naturparks, das
die Wanderer und Radfahrer über die
Strecke informiert. Zwischen Coripe
und Olvera befindet sich auch das Naturreservat Peñón de Zaframagón, ein
gewaltiger Felsen, der unter anderem
eine der größten Gänsegeier-Kolonien
Europas beherbergt. Aber auch Bie-
nenfresser, Schlangenadler, Schmutz-
geier, Uhus, Rötelfalken, Wanderfal-
ken, Eisvögel und Graureiher sind hier
zu Hause.
Eine der besten Aussichten auf den Felsen hat man vom Viadukt von Zaframagón. Das Besucherzentrum befindet
sich beim alten Bahnhof von Zaframagón; hier gibt es eine moderne Video-
überwachung des Geierhorstes, sodass
man zur Brutzeit die Küken beobachten kann.

Puerto Serrano | Fundación Vía Verde
de la Sierra | Besucherzentrum Antigua
Casa del Guarda | Tel. 9 56 13 63 72 |
Notfall-Tel. Patrulla Vía Verde de la Sierra
mobil 6 38 28 01 84 | www.fundacionvia
verdedelasierra.com | Mo–So 10–16 Uhr

Olivenöl ist eines der wichtigsten landwirtschaftlichen Produkte. In der Ölmühle Núñez de
Prado (▶ S. 32) in Baena wird das besondere und seltene Tropföl hergestellt.

EINKAUFEN

Das andalusische Kunsthandwerk ist reich an kleinen Schätzen, die man hier erwerben und leicht transportieren kann: Schmuck, Knöpfe, Kerzen, Messer, Schuhe, Parfüms und natürlich die kulinarischen Souvenirs, die den Urlaubsgenuss zu Hause verlängern.

Wie viele andere Landstriche, in denen jahrhundertelang die alten Traditionen gewahrt wurden und deren Wirtschaft hauptsächlich auf Land- und Viehwirtschaft basiert, gibt es auch in Andalusien eine erstaunliche Vielzahl an handwerklichen Erzeugnissen, die teilweise noch auf die gleiche Art und Weise wie vor Tausenden von Jahren hergestellt werden. Eine aktuelle Studie der andalusischen Landesregierung zählt bis zu 142 traditionelle Kunsthandwerksberufe auf, unter denen sich so unterschiedliche Aktivitäten wie der Bau von Kassettendecken im Mudejár-Stil, die Herstellung von Mosaiken, die Glasbläserei und das Glockengießen finden. Wie in allen Industrienationen leidet auch hier das Handwerk unter dem enormen Mangel an Nachwuchskräften. Während der 80er- und 90er-Jahre des letzten Jahrhunderts, als das Einkommen der Andalusier dank des Beitritts zur EU und des Immobilienbooms anstieg und ihnen so den

◄ Werkstatt für Semana-Santa-Artikel in
Sevillas Viertel Triana (► S. 79).

Zugang zur Konsumgesellschaft verschaffte, erlitt das traditionelle Handwerk starke Einbußen. Fast täglich schloss eine kleine Werkstatt für immer ihre Türen. Gründe hierfür sind zum einen das fehlende Interesse der Jugend an den traditionellen Berufen, aber auch die große Flut an Billigprodukten aus China oder anderen asiatischen Ländern, die den Markt überschwemmt. Dessen ungeachtet wirkte sich die Wirtschaftkrise, die für Spanien verheerende Folgen hatte, paradoxerweise positiv auf das andalusische Kunsthandwerk aus: Dadurch, dass die Jugendlichen in anderen Sektoren keine Arbeit mehr fanden, haben sich viele dazu entschlossen, das Handwerk ihrer Eltern oder Großeltern zu erlernen. Die junge Generation ist dazu übergegangen, ihre Erzeugnisse im Internet zu vermarkten, und kann damit auch einige Erfolge verzeichnen.

ALTES HANDWERK, NEUE PRODUKTE

Dank dieser neuen Wahrnehmung des Kunsthandwerks wurden in Andalusien nicht nur zahlreiche Handwerksberufe wiederbelebt, sondern auch neue Marktlücken entdeckt. Das beste Beispiel hierfür ist sicherlich der Ort Valverde del Camino in der Provinz Huelva. Viele Jahre lang war Valverde del Camino in Andalusien für seine rustikalen **Reitstiefel** (»botos«) bekannt, die für die Arbeit auf dem Feld wie gemacht sind und auch gerne in Kombination mit Flamencokleidern bei verschiedenen Wallfahrten getragen werden. Heute haben die handgefertigten Stiefel die Grenzen Andalusiens überschritten und wurden zu sehr gefragten Modeaccessoires. Eine andere Erfolgsgeschichte kommt aus Ubrique, einem der weißen Dörfer der Sierra von Cádiz. Jahrzehntelang gab es hier eine große Anzahl von Täschnern, die hauptsächlich Tabakbeutel (»petacas«) und kleine Geldbörsen herstellten. In den letzten Jahren hat es eine neue Generation von Kunsthandwerkern geschafft, die Herstellung von **Lederwaren** zum Hauptwirtschaftszweig des Städtchens zu machen. Natürlich werden heute auch allerhand nützliche Dinge wie Brillenetuis, Geldbeutel und I-Pad-Hüllen hergestellt. Die meisten Erzeugnisse werden mittlerweile im Ausland verkauft, und so gibt es im Ort auch ein Leder-Technologie-Zentrum, in dem ständig an der Verbesserung der Verarbeitungstechnik und des Designs gefeilt wird. Einen Besuch in Ubrique sollte man am besten für die Morgenstunden planen, da man so die Handwerker direkt in ihren Werkstätten besuchen kann.

Zu diesen Beispielen, die die erfolgreiche und nötige Anpassung des andalusischen Kunsthandwerks an die heutige Zeit widerspiegeln, kommt auch die große Anzahl von Kunsthandwerkern hinzu, die sich einen Namen als ernst zu nehmende Künstler gemacht haben und für deren Werke hohe Preise gezahlt werden. Der bekannteste unter ihnen ist sicherlich der aus Úbeda stammende Töpfer Juan Martínez Villacañas »Tito«, der in seinem Atelier historische arabische Arbeiten studiert und traditionelle Techniken und Formen wiederbelebt, während er mit seinem Schaffen gleichzeitig andere Sektoren wie den Mode- und Schmuckmarkt öffnet. Tito wurde in den Jahren 2006 und 2012 mit dem Nationalen Kunsthandwerkspreis geehrt, und ein Besuch in seiner Werkstatt ist obligatorisch für jeden Reisenden, der nach Úbeda kommt.

TRADITIONEN UND JUNGE DESIGNER

Die Gold- und Silberschmiede in Córdoba, die Töpferwaren und Intarsienarbeiten aus Granada, die handgewebten Teppiche (»jarapas«) aus der Gegend um Almería, die Flamencomode und die bestickten »mantones« (Seidentücher) aus Sevilla, welches auch für seine religiöse Kunst bekannt ist … Fast jede Stadt oder jeder Landstrich Andalusiens hat ein besonderes Kunsthandwerk zu bieten. Hinzu kommen auch die Arbeiten zahlreicher andalusischer Schneider und **Designer**, von denen sich einige schon einen großen Namen gemacht haben und deren Kollektionen auf der Modewoche in Madrid gefeiert werden. Dazu gehören die schon lange etablierten Sevillaner Vitorio y Lucchino, aber auch junge Talente wie die Cordobeserin Juana Martín.

BESONDERE EMPFEHLUNGEN

KUNSTHANDWERK

Alfareria Tito ⚑ G 2

Hier gibt es sowohl traditionelle andalusische Töpferwaren als auch moderne Kunstobjekte aus Ton. Darunter ist auch eine bunte I-Phone-Ablagestation aus Ton. Tito ist mittlerweile ein geachteter Künstler, der schon mit zahlreichen Preisen und Ehrungen ausgezeichnet wurde.

Úbeda | Plaza del Ayuntamiento 12 | Tel. 9 53 75 13 02 | www.alfareriatito.com | Mo–So 8–14 und 16–20 Uhr

Juan Foronda ▸ Klappe hinten, c 3

Seit 1923 sind die Läden der Sevillaner Kunststickerei Juan Foronda die erste Adresse für den Einkauf von »mantones« (bestickte Seidentücher), »mantillas« (Spitzenschleier), »peinetas« (Kämme) und »abanicos« (Fächer). Im Angebot sind auch Brautausstattungen. Auch heute noch wird ein großer Teil der Produktpalette vor Ort in Handarbeit hergestellt.

Sevilla | Calle Sierpes 23 | Tel. 9 54 22 76 61 | www.juanforonda.com | Mo–Sa 10–20 Uhr

MODE

Victorio y Lucchino ▶ Klappe hinten, c 3

Andalusisches Prêt-à-porter für Damen und Herren. Teilweise auch Stücke aus den Haute-Couture-Kollektionen der Sevillaner Modeschöpfer, die andalusische Lebensart und Traditionen greifbar machen.

Sevilla | Calle Sierpes 87 | Tel. 9 54 22 79 51 | www.victorioylucchino.com | Mo–Fr 10–13.30 und 17.30–20.30, Sa 10–14 Uhr

STIEFEL

Taller de Manuel Cejudo ✏ B 3

Handgemachte Lederstiefel aus Valverde del Camino. Hier gibt es für jeden Geschmack das passende Modell. Mit genügend Zeit und dem nötigen Kleingeld kann man sich seine Stiefel auch nach Maß anfertigen lassen.

Valverde del Camino | Calle Real de Arriba 119 | Tel. 9 59 55 33 20 | www.manuelcejudovalverdebotas.com | Mo–Sa 10–15 und 17–20.30 Uhr

WEBWAREN

Jarapa Hilacar ✏ G 4

Hier werden mithilfe traditioneller Webstühle von Hand die bekannten »jarapas« hergestellt, die als Teppich, Bettüberwurf, Wandbehang oder Sofadecke genutzt werden können. Jarapa Hilacar bietet neben dem Verkauf auch Besichtigungen der Werkstatt und Kurse zur »jarapa«-Herstellung an.

Bubión (Las Alpujarras, Granada) | Calle Carretera 23 | Tel. 9 58 76 32 26 | www.jarapahilacar.com

Weitere Geschäfte und Märkte finden Sie im Kapitel ANDALUSIEN ERKUNDEN.

In der Töpferei Tito (▶ S. 36) in Úbeda wird jedes einzelne Stück von Hand bearbeitet. Hier entstehen in sorgfältiger Arbeit traditionelle und moderne kunstvolle Töpferwaren.

SPORT UND STRÄNDE

Sport und Aktivitäten an der frischen Luft sind die beste Art, die Natur von Nahem zu erleben, die Täler und schönsten Wege kennenzulernen und auch auf ausgedehnten Wanderungen in die Tiefen der geschützten Gebiete einzudringen, in die kaum ein Tourist kommt.

Andalusien ist eine Region mit ungeheuren landschaftlichen Reizen. Hier gibt es 24 Naturparks und zwei Gebiete, die den höchsten Grad an Schutz genießen: die beiden Nationalparks Coto de Doñana und Sierra Nevada. In allen Parks wird nach und nach ein großes Netz von **Wanderwegen** erschlossen und aufgebaut. In Andalusien existieren drei verschiedene Typen von Wanderwegen: die GR-Wege (»gran recorrido«), die länger als 50 km und mit roten und weißen Farbbalken gekennzeichnet sind, die PR-Wege (»pequeño recorrido«), die kürzer als 50 km und mit gelben und weißen Farbbalken gekennzeichnet sind, und die SL-Wege (»sendero local«), die nie länger als 10 km sind und die man in wenigen Stunden bewältigen kann. Die Letzteren werden durch grüne und weiße Farbbalken gekennzeichnet und sind für all diejenigen, die sich nicht übermäßig sportlich betätigen möchten, bestens geeignet. Trotz der Bemühungen

◀ Empfehlenswert: Pferd statt Auto im
Nationalpark Coto de Doñana (▶ S. 71).

der letzten Jahre sind die Wanderwege nicht so gut wie beispielsweise in Deutschland gekennzeichnet, und es ist empfehlenswert, sich im Vorfeld bei den örtlichen Fremdenverkehrsämtern zu erkundigen und sich entsprechende Wanderkarten zu besorgen.

Eine Radtour ist ebenfalls ideal, um die Natur zu genießen. Es ist aber absolut nicht ratsam, entlang der Landstraßen und Bundesstraßen zu fahren, da die Randstreifen oft sehr schmal sind und es neben den Straßen keine Fahrradwege gibt. Allerdings bietet die Region eine fantastische Alternative für alle Radfreunde: die **Vías Verdes**. Die Vías Verdes wurden über die Schienen stillgelegter Bahngleise gebaut und sind so aufgrund ihrer geringen Steigung wunderbare Radwege. Eine der schönsten und längsten Strecken ist die Vía Verde del Aceite (Ölstraße), die über 100 km durch Olivenhaine und die Hügel der Sierra Subbética die Provinzen Córdoba und Jaén miteinander verbindet. In ganz Andalusien gibt es viele schöne Strecken zu entdecken, die man sich auf folgender Website auch auf Englisch anschauen kann: http://www.viasverdes.com/GreenWays

WANDERN UND WASSERSPORT

Natürlich bieten die Küsten Andalusiens und das Meer auch einen unvergleichlichen Rahmen für viele Sportarten. Der Naturpark Cabo de Gata in der Provinz Almería ist bei Wanderen sehr beliebt, da der wunderschöne Küstenwanderweg einsame Strände und Buchten, hohe Klippen, wüstenartige Landschaften, fruchtbare Agavenpflanzungen und immer wieder die herrlichste Aussicht verspricht. Nichtsdestotrotz sind auch die **Strände** der Atlantikküste wie zum Beispiel die Strände von Bolonia und El Palmar in der Provinz Cádiz und die Strände des Nationalparks Doñana oder El Portil in der Provinz Huelva unbedingt einen Besuch wert.

Die beliebteste Sportart an der Atlantikküste ist natürlich das **Surfen**. Eine Sportart, die das kleine Städtchen Tarifa zum Anziehungspunkt für diejenigen gemacht hat, die keinesfalls die großen Wellen und den Wind in der Straße von Gibraltar verpassen möchten. Für Mutige gibt es bei vielen Surfschulen die Möglichkeit, ein Brett auszuleihen und nach ein paar (übrigens recht preisgünstigen) Unterrichtsstunden ihr Können und ihren Gleichgewichtssinn zu testen. Dieser Teil der Atlantikküste zieht viele Wassersportler an, die hier nicht nur surfen, sondern auch segeln, windsurfen, kitesurfen oder tauchen.

Das sportliche Angebot Andalusiens wäre nicht komplett ohne die Skipisten in der Sierra Nevada, wo 1996 auch die Alpine Ski-Weltmeisterschaft ausgetragen wurde. Die Pisten, Lifte und sonstigen Einrichtungen gehören mittlerweile zu den besten Europas, und das Skigebiet ist wegen seines angenehmen Klimas und der Qualität des Schnees sehr beliebt. Zu guter Letzt, auch wenn das Thema aus Umweltgründen sehr kontrovers ist, zählt auch **Golf** zu den beliebtesten Sportarten Andalusiens. In der Region gibt es über 90 Golfplätze, von denen sich die meisten an der Costa del Sol befinden und jährlich Tausende von Golfern anziehen. Dabei spielt natürlich nicht nur die hohe Qualität der Greens eine Rolle, sondern auch die reizvolle Landschaft und das exzellente Angebot an Golfhotels.

CANYONING

Tropical Extreme ▶ S. 131, b 1

Tropical Extreme bietet bei einem Aufenthalt in Granada eine sportliche Auszeit, da die Tourleiter die Teilnehmer in der Stadt abholen und diese dann zum schönen Río Verde fahren, einem kleinen Fluss, der grandiose Schluchten in den Felsen gehöhlt hat. Die Tourleiter begleiten die Teilnehmer und kümmern sich um deren Sicherheit während des gesamten Abstiegs.
Granada | Gran Via 10, 6-D | Tel. 9 58 22 71 35 | www.barranquismorioverde.com

FAHRRADFAHREN

Benarum 🚵 G 4

Wegen ihres unregelmäßigen Landschaftsbildes mit vielen Höhen und Tiefen stehen die Alpujarras bei den spanischen Mountainbikern hoch im Kurs. Die Angestellten von Benarum erarbeiten mit den Teilnehmern eine Route, die an ihre Erfahrung und sportliche Leistungsfähigkeit angepasst ist, und zeigen ihnen die kleinen Orte und Sehenswürdigkeiten der Gegend.

Mecina Bombaron | Av José Antonios/n | Tel. 9 58 85 11 49 | www.benarum.com

Sesca Alquiler de Bicicletas 🚵 D 4

Die weißen Dörfer der Sierra de Ronda und der Sierra de Cádiz sind sicherlich eine der schönsten Ecken Andalusiens. Diese Dörfer mit dem Rad zu erkunden ist der beste Weg, die Landschaft zu genießen. In Sesca kann man sich für einen guten Preis Räder für den halben oder ganzen Tag ausleihen.
Sesca | Vereda de Pino, 17, Portal 6 | Tel. mobil 6 87 67 64 62 | www.sesca.es

Sevici 🚵 C 3

In nur wenigen Jahren ist in Sevilla eine große Radfahrerkultur entstanden. Über die ganze Stadt verteilt gibt es viele Radwege, und das Rathaus hat den Bürgern ein gut funktionierendes System zur Anmietung und Nutzung öffentlicher Fahrräder zur Verfügung gestellt. Für weniger als 12 € die Woche kann man sich an einem beliebigen Punkt der Stadt ein Rad ausleihen und es dort abgeben, wo man möchte. Idealerweise nutzt man das Rad für kurze Strecken, da nur die erste halbe Stunde gratis ist. Danach wird halbstündlich ein gewisser Betrag fällig. Eine wunderbare Art, die Stadt zu erkunden, ohne wunde Füße zu bekommen!

Sevilla | Sevici-Stationen überall in der Stadt | Tel. 9 02 01 10 32 | www.sevici.es

GOLF  D 5

Mit mittlerweile über 90 Golfplätzen hat sich dieser Sport zu einem der touristischen Motoren Andalusiens entwickelt. Im Scherz wird die Costa del Sol nun manchmal sogar schon Costa del Golf genannt, da sich hier – vor allem in der Nähe Marbellas – die meisten Plätze befinden. Liebhabern dieses Sports zufolge liegt der schönste Golfplatz Spaniens in Sotogrande in der Provinz Cádiz. Es ist der Golfclub Val-

derrama, der von Robert Trent Jones, dem wohl berühmtesten Architekten für Golfplätze, entworfen wurde.

Sotogrande | Club de Golf Valderrama, Av Los Cortijos s/n | Tel. 9 56 79 12 00 | www.valderrama.com

HEISSLUFTBALLON, PARAGLIDING, MOTORSCHIRM
Gloobo

Die Sevillaner Firma Gloobo organisiert Fahrten im Heißluftballon, auf denen man die wunderschönen Städte Sevilla, Córdoba, Ronda oder Arcos de la Frontera von oben sehen kann. Der Preis liegt bei etwa 180 €, und wer will, kann (falls der Wind es zulässt) an Bord mit einer Flasche Cava anstoßen.

Sevilla, Córdoba, Ronda y Arcos de la Frontera | Tel. 9 55 11 09 55 und mobil 6 95 19 98 21 | www.gloobo.es

Flamingos Golf bei Marbella (▶ S. 122) ist ein 18-Loch-Platz mit 5714 m Länge und Par 71. Er zeichnet sich durch eine schöne Gestaltung mit herrlichem Blick auf das Meer aus.

Olivair ⚡ H 2

Die Sierra de Segura ist dank des jährlichen Internationalen Luftfestivals El Yelmo zum Ziel vieler Flugsportfreunde geworden. Jeden Mai kommen Tausende von Besuchern und Sportlern in den kleinen Ort. Unabhängig vom Festival bietet das Unternehmen Olivair die Möglichkeit, einen Paragliding- oder Motorschirmkurs zu besuchen oder gleich den Himmel zu genießen, wenn man schon Erfahrung hat.

Beas de Segura | Tel. mobil 6 07 30 17 16 | www.olivair.org

HÖHLENKLETTERN

Exploramas ⚡ E 5

Die Cueva del Gato (Katzenhöhle) in der Nähe Rondas ist keine normale Höhle, sondern vielmehr ein Höhlensystem mit schmalen Durchgängen und großen unterirdischen Höhlensälen, das jedes Jahr viele Höhlenkletterer anzieht. Die Tourleiter von Exploramas führen Sie auf einer Strecke von 4,5 km durch diese überaus faszinierende Unterwelt.

Mijas-Costa | Calle San José Local 1-A | Tel. 9 52 47 79 51 | www.exploramas.com

Natur Sport Sorbas SL 🧗 ⚡ J 4

Über Jahrtausende hat der Regen in der Halbwüste von Almería einen der größten geologischen Schätze Andalusiens geschaffen: das Naturdenkmal Karst von Sorbas. Der Karst ist nicht nur oberirdisch eindrucksvoll; in seinem Untergrund öffnet sich ein Labyrinth von Höhlen und Grotten, die man zusammen mit den Mitarbeitern von Natur Sport Sorbas besuchen kann. Das Unternehmen bietet auch kindgerechte Aktivitäten an.

Sorbas | Paraje Barranco del Infierno | Tel. 9 50 36 47 04 und 9 50 36 44 81 | www.cuevasdesorbas.com

KANUSPORT

Medialuna Aventuras ⚡ J 5

Das Kanu ist mit Sicherheit die sauberste und umweltfreundlichste Art, die kleinen Buchten und Strände des Cabo de Gata zu entdecken und zu genießen. Medialuna Aventuras bietet geführte Touren von etwa 3,5 Stunden Dauer an, bei denen man sich nicht nur sportlich betätigt, sondern auch etwas über die Besonderheiten und die Geschichte des Cabo de Gata erfährt.

San José und Las Negras | Tel. 9 50 38 04 62 und 9 50 38 81 06 | www.medialunaventura.com

TNT Aventura-Albergue Rural Fuente Agria ⚡ E 2

TNT Aventura ist ein Unternehmen mit langer Erfahrung im Aktivtourismus und zwei Standbeinen: Zum einen betreibt das Unternehmen eine Herberge außerhalb von Villafranca, die aber eher mit einer netten Pension zu vergleichen und sehr gepflegt ist. Zum anderen bietet TNT Aventura geführte Kanutouren auf dem Guadalquivir an. Eine Übernachtung in der Herberge mit schönem Pool und eine kleine Kanutour kosten nicht mehr als 50 € pro Person.

Villafranca de Córdoba | Albergue Rural Fuente Agria | Tel. mobil 6 34 93 72 97 und 6 22 27 65 73 | www.fuenteagria.es

KLETTERN

Aula Vertical ⚡ E 2

Die Sierra Subbética in der Provinz Córdoba ist geprägt von Kalksteinfelsen mit steilen und schroffen Gipfeln. Daher ist sie der beste Ort, um das Klettern zu lernen und Felsen für jedes Niveau zu finden. Aula Vertical bietet Kurse für Anfänger und Klettertouren für Fortgeschrittene.

Córdoba | Tel. mobil 6 34 56 82 02 und 6 34 57 17 20 | www.aulavertical.com

Rejertilla D 5
Können Sie sich vorstellen, die berühmte Schlucht von Ronda hinunterzuklettern? Genau dies schlägt das Aktivtourismusunternehmen Rejertilla vor. Rejertilla bietet auch Ausritte und Radtouren in der Gegend von Ronda an. Für das Klettern, das im mittelschweren Bereich anzusiedeln ist, benötigt man Trekkingschuhe.

Ronda | Calle Gladiolos 9. 2-J | Tel. mobil 64 94 97 25 28 und 6 80 25 75 35 | www.rejertilla.com

PILZWANDERUNGEN
Sierra Extreme B 2
Die Sierra von Aracena zählt zu den schönsten Naturschutzgebieten Andalusiens und leider auch zu den am wenigsten besuchten. Einer der kulinarischen Schätze dieser Gegend sind die vielen Pilze, die ab dem Herbstanfang aus dem Boden sprießen. Bei einer Pilzwanderung lernen die Teilnehmer die essbaren von den ungenießbaren Sorten zu unterscheiden. Im Anschluss wird ein leckeres Gericht zubereitet.

Aracena | Tel. mobil 6 37 72 73 65 | www.sierraextreme.net

REITEN
Aires Africanos B 4
Die respektvollste Art und Weise, die Landschaften des Nationalparkes Do-

ñana zu erkunden, ist auf einem Ausritt mit dem Kamel, einer Tierart, die wegen ihrer Widerstandsfähigkeit und der guten Adaption an den sandigen Untergrund zu Beginn des 20. Jh. hier heimisch gemacht wurde. Die Kamele von Aires Africanos tragen den Besucher durch eine der schönsten Dünenlandschaften Europas.

Matalascañas | Parque Nacional de Doñana | Tel. 9 59 44 85 57 | www.airesafricanos.com

Picadero El Cortijillo H 3
Auf seinen ersten Kilometern durchfließt der Guadalquivir eines der schönsten Naturreservate Andalusiens. Auf einem Ausritt lassen sich am besten die versteckten Winkel der Strecke erkunden und die dichten Pinienwälder genießen. Es werden auch Reitstunden für Anfänger und Ausritte für erfahrene Reiter angeboten. Um einen Ausritt zu buchen, geht man am besten persönlich bei diesem Reitstall vorbei.

Arroyo Frío, Parque Natural de Cazorla, Segura y las Villas | Carretera de la Sierra (A-319), Abzweigung 2 km von Arroyo Frío in Richtung Cotos Ríos | Tel. mobil 6 90 69 78 50 | www.turismoencazorla.com/empresas/picaderoelcortijillo

Winterwaves Rutas a Caballo C 5
Die Ställe dieses Reiterhofes befinden sich außerhalb des hübschen Ortes Vejer de la Frontera, in einer der schönsten Landschaften Andalusiens zwischen Meer und Bergen. Die begleiteten Ausritte führen über die Wanderwege der Gegend bis hin zu den schönsten Stränden Andalusiens.

Vejer de la Frontera | Tel. mobil 6 26 94 08 04 | www.winterwaves.com

SKIFAHREN

Spin Procenter G 4

Zwischen Ende November und März ist Skisaison in Pradollano, einem Ort, der nicht nur für seine guten Pisten, sondern auch für sein Nachtleben an den Wochenenden bekannt ist. Spin Procenter ist das bekannteste Zentrum für den Verleih von Ski- oder Snowboardausrüstungen oder für einen Skikurs, den man hier privat oder in der Gruppe machen kann.

Pradollano, Sierra Nevada | Plaza de Andalucía s/n | Tel. 9 58 48 08 51 | www.spinprocenter.com

SURFEN

Kiteboarding Tarifa C 6

Bei der Surfschule Kiteboarding Tarifa kann man entweder nur Sportgeräte zum Surfen, Kitesurfen oder Windsurfen ausleihen, oder man belegt gleich einen Einführungskurs in eine dieser Sportarten. Die Preise sind moderat, und der Unterricht findet in kleinen Gruppen oder privat statt. Verschiedene Kurse auch im Paket mit Übernachtungen erhältlich. Dazu kommt natürlich, dass man sich an den besten Stränden um Tarifa befindet.

Tarifa | Polígono La Vega 203 | Tel. 9 56 62 74 67 | www.kiteboardingtarifa.com

Erholsame Einsamkeit 2

Glücklicherweise gibt es immer noch einsame, unbebaute Strände, die man manchmal ganz für sich alleine hat. An der Costa de la Luz und am Cabo de Gata im Mai oder Oktober könnte es klappen (▶ S. 12).

Kitesurfing School Tarifa C 6

Aurelia Herpin ist nicht nur Exweltmeisterin im Speed-Kitesurfen, sondern spricht auch fließend Englisch, Deutsch, Französisch und Spanisch, was sie mit Sicherheit zur besten Lehrerin macht, die man haben kann. Auch Kurse mit Unterkunft werden angeboten. Die Winde der Meerenge von Gibraltar machen aus diesem Ort das Mekka für diesen Sport.

Tarifa | Tel. mobil 6 70 52 79 02 | www.kitesurfingschooltarifa.com

TAUCHEN

Centro de Buceo ISUB San José J 5

Der Naturpark Cabo de Gata ist der einzige Meeres- und Naturpark Andalusiens und zählt auch zu den Biosphärenreservaten der UNESCO. Das Tauchzentrum ISUB in San José, der Hauptstadt des Cabo de Gata, bietet sowohl für Anfänger als auch für Fortgeschrittene die verschiedensten Kurse und Tauchgänge an, um die versteckten Schönheiten der Küste Almerías zu entdecken.

San José | Calle Babor 3 | Tel. 9 50 38 00 04 | www.isubsanjose.com

Diving Málaga ▶ S. 115, östl. f 2

Diving Málaga ist eine der besten Tauchadressen an der Costa del Sol. Die Einrichtungen und Materialien der Schule sind erstklassig, und die Tauchlehrer sind gut ausgebildet und ausgesprochen freundlich. Tauchschüler können schon nach kurzer Zeit ihren ersten Tauchgang wagen und die bunte Unterwasserwelt des Mittelmeeres beobachten.

Málaga | Calle Bolivia 57 | Tel. 9 52 29 41 25 | www.malagadiving.com

STRÄNDE

Playa de Bolonia   ◢ C 6

Mit fast 4 km Länge und der beeindruckenden Wanderdüne, die 2001 zum Naturdenkmal erklärt wurde, ist die Playa de Bolonia an der Costa de la Luz einer der letzen unbebauten Strände der Iberischen Halbinsel.

Außerdem birgt der Strand auch einen interessanten kulturellen Anreiz: die Ruinen der römischen Stadt Baelo Claudia, die jahrhundertelang unter dem Sand des Strandes schlummerten und dadurch gut erhalten sind. Am Rand gibt es auch ein paar Restaurants und Strandbars.

Playa de los Genoveses   ◢ J 5

Die Playa de los Genoveses ist über einen Kilometer lang und liegt mitten im Naturpark Cabo de Gata nur 2 km vom Örtchen San José entfernt. Neben dem kristallklaren Wasser und dem feinen Sand laden die Felsen aus Vulkangestein und die Wüstenlandschaft zu einem Spaziergang ein. Im Juli und August fährt alle 30 Minuten ein Shuttlebus von San José, und den Rest des Jahres kann man den Strand gut mit dem Auto erreichen. Picknick und Getränke mitnehmen.

Playa de Maro   ◢ F 5

Nur wenige Kilometer von Nerja an der östlichen Costa del Sol entfernt liegt dieser schöne Strand, der dank seiner Lage zwischen hohen Felsen zu den wenigen unbebauten Orten an der Costa del Sol zählt. Die Playa de Maro hat eine Länge von 500 m und ist mit dem Auto gut zu erreichen. Keine Strandbars, außerhalb der Saison leer.

Die feinsandige Playa Valdevaquero bei Tarifa (▶ S. 73) an der Costa de la Luz ist bei Kitesurfern beliebt. Im Hintergrund sieht man die Berge von Marokko im Dunst.

FESTE FEIERN

Mindestens einmal im Jahr unterbrechen alle Städte und Dörfer ihren Alltag für einen oder mehrere Tage, um gemeinsam und mit großer Leidenschaft die Feste zu feiern, die ohne Zweifel die Terminkalender der verschiedenen Regionen bestimmen.

Auf der ganzen Welt ist Andalusien für seine großen Feste bekannt. Nicht nur die Feste selbst sind besonders, sondern auch die Intensität, mit der das ganze Jahr über ihre Vorbereitung richtiggehend »gelebt« wird. Das beste Beispiel spielt sich alljährlich in Sevilla ab. Kaum ist die Karwoche **Semana Santa** vorbei, beginnt die Stadt schon mit den Vorbereitungen für das nächste Jahr: Man hört die abendlichen Übungsstunden der Trompetenkapellen, die sich in den Parks der Stadt zum Üben treffen, neue Tuniken und Kerzen für die nächsten Prozessionen werden gefertigt und verkauft, und in den »cofradías«, den Laienbruderschaften mit Tausenden von Mitgliedern, werden die neuen Vorstände gewählt, deren Aufgabe nicht nur darin besteht, die nächste Prozession, sondern auch alle religiösen Festakte zu organisieren, die damit zusammenhängen. Die Semana Santa ist aber nicht Sevillas einziges wichtiges Fest. Für viele Ein-

◀ Zur Feria del Caballo (▶ S. 49) in Jerez
macht frau sich schick.

wohner sind die **Feria de Abril** (Volksfest, das auf den früheren Pferdemarkt zurückgeht) und die **Romería del Rocío** (größte Wallfahrt Spaniens zum Heiligtum der Virgen del Rocío – Jungfrau des Morgentaus in
Almonte/Huelva) genauso wichtig oder sogar noch wichtiger und benötigen das gleiche Maß an Aufwand und Vorbereitung.

KARNEVAL IN CÁDIZ

Nun ist Sevilla aber nicht die einzige Stadt Andalusiens, die weiß, wie
man feiert, und dies mit Hingabe tut. Cádiz zum Beispiel ist für seine
Carnavales, seinen Karneval, berühmt, bei dem die Bürger auf sehr hu-
morvolle Art und Weise ihre Stimmen zum politischen Protest erheben.
Die Gaditanos organisieren sich in Gruppen von unterschiedlicher Größe und komponieren kritische Lieder über die politische oder gesellschaftliche Lage des Landes oder über die neuesten Geschehnisse in der
Stadt. Zum Komponieren, Texten und Einüben dieser Lieder benötigen
die Gruppen Monate. Aber dies lohnt sich, wenn man später im Februar
auf der Bühne des Teatro Falla steht und den jährlichen Wettbewerb ge-
winnt. Mehrere Wochen lang lebt Cádiz für seine Carnavales, während
der Rest der Andalusier das bunte Treiben im Fernsehen verfolgt und
darüber diskutiert, welche Gruppe eine Prämierung verdient. In Córdoba
gibt es eine ähnliche Stimmung in Bezug auf **Los Patios**, das jährliche
Patiofest. Das ganze Jahr über hegen und pflegen die Bewohner der Altstadt ihre Geranien, Rosen und Nelken, die im Monat Mai ihre »patios«
(Innenhöfe) schmücken sollen und von denen der schönste von einer
Jury gewählt und ausgezeichnet wird. Den ganzen Monat lang ist Córdoba in voller Blüte zu bewundern, weshalb die UNESCO das Patiofest auch
2012 zum Weltkulturerbe erklärt hat.

FOLKLORE UND WICHTIGE TRADITIONEN

Eine Erklärung für diese Feierleidenschaft zu finden ist nicht einfach;
vor allem wenn man nicht in die traurigen Klischees wie das ewige Vor-
urteil der Faulheit und den Mangel an Arbeitslust verfallen möchte, die
man auch heute noch im Rest von Spanien vernimmt. Man kann aber
eine ganze Menge guter Gründe für die Lust am Feiern erahnen. Zum
einen ist es das Klima mit den vielen Sonnenstunden, das dazu beiträgt,
dass die meisten Andalusier sich einfach gerne draußen aufhalten (»estar

en la calle« – auf der Straße sein) und ein intensives gesellschaftliches Leben führen. Zum anderen spielt die Religion eine große Rolle, die in Andalusien teilweise immer noch mit großer Frömmigkeit und Hingabe gelebt wird. Die Ursachen hierfür sind vielleicht in der relativ späten Rechristianisierung durch die Wiedereroberung der Kastilier im späten Mittelalter und den recht geringen Einfluss der Aufklärung und des Rationalismus zu finden. Ein weiterer Grund für die Feierlaune ist sicherlich auch die Pflege der Folklore und der Traditionen, mit denen sich die Andalusier immer noch identifizieren und die für eine ganz besondere Art von Zusammenhalt im Volk sorgen. Zu diesen Traditionen gehören die schönen, bunten Kleider, die meist noch von Hand geschneidert werden, Tänze und Musik, aus denen ganz klar der **Flamenco** hervorzuheben ist, und natürlich auch die Küche.

INTERNATIONALE FESTIVALS

In den letzen Jahren kam zu den volkstümlichen und historischen Festen auch eine große Anzahl an Festivals und Events, die das kulturelle Erbe Andalusiens nochmals unterstreichen und hervorheben sollen. Beispiele hierfür sind die Bienal de Flamenco in Sevilla oder das internationale Musik- und Tanzfestival von Granada, das zum Teil in den Gärten und Palästen der Alhambra zelebriert wird. Egal, ob ein großes Volksfest in einer großen Stadt oder eine kleine Kirmes in einem der vielen Dörfer, die beste Möglichkeit, Andalusien und die Andalusier besser kennenzulernen ist die Teilnahme an einem Fest. Fragen Sie einfach im Hotel oder Restaurant, ob es in der Nähe gerade ein Volksfest gibt, und gehen Sie einfach einmal hin. Brechen Sie das Eis, und Sie werden schnell feststellen, dass die Andalusier sehr gastfreundlich sind und Sie so aufnehmen, dass Sie sich wie daheim fühlen. Mit Sicherheit erleben Sie so einen der schönsten Abende Ihres Lebens.

FEBRUAR
Carnaval de Cádiz

Eine der weltweit größten Karnevalsfeiern mit Massenparty auf der Straße und Musikwettbewerb von »comparsas«- und »chirigotas«-Gruppen im Gran Teatro Falla an der Plaza Falla s/n. Es gibt leider keinen Online-Verkauf der Eintrittskarten.

Februar
www.cadizturismo.com

MÄRZ/APRIL
Semana Santa, Sevilla

Eines der wichtigsten Feste Andalusiens, das in allen Städten und Dörfern gefeiert wird. Besonders zu empfehlen ist die Semana Santa von Sevilla. Am besten besuchen Sie sie von Palmsonntag bis Mittwoch, um den Massen am Gründonnerstag und Karfreitag zu entgehen.

Die heutige Semana Santa hat ihren Ursprung im 16. Jh. Durch die feierlichen Prozessionen sollte der katholische Glaube hervorgehoben und gepriesen und der Einfluss der Lutheraner verdrängt werden.

März/April in der Karwoche
www.semana-santa.org

APRIL/MAI
Feria de Abril de Sevilla

Ehemalige Vieh- und Pferdemesse und das größte Fest Andalusiens. Viele der »casetas« (Zelte) im Barrio de los Remedios gehören Privatleuten, aber es gibt auch öffentliche Zelte, in denen jeder mitfeiern darf.

April/Mai
www.andalucia.org

MAI
Feria del Caballo, Jerez de la Frontera

Pferdemarkt und Volksfest.

Anfang Mai

Patios de Córdoba

Das ganze Jahr über bepflanzen die Córdobeser ihre Innenhöfe, damit diese sich im Frühling in die schönste Farbenpracht verwandeln, die jeder ganz umsonst besichtigen kann.

Mai
www.turismodecordoba.org

MAI/JUNI
Romería de la Virgen del Rocío

Einige Tage vor Pfingsten pilgern mehrere Tausend Gläubige aus ganz Spanien zur Kapelle von El Rocío. Größte Wallfahrt der Iberischen Halbinsel.

Mai/Juni, Pfingstwochenende

JUNI
Corpus de Valenzuela (Córdoba)

Die Einwohner von Valenzuela, einem kleinen Ort in der Provinz Córdoba, sind die ganze Nacht auf den Beinen, um die Staßen des Dorfes in einen bunten Teppich zu verwandeln.

Juni, Wochenende nach Fronleichnam

Sehen und gesehen werden bei Festen und Hochzeiten

Zu Festlichkeiten putzt sich die Andalusierin gerne heraus. Vor allem bei Hochzeiten gibt es für den zufälligen Passanten viel zu bestaunen (▶ S. 13)!

Festival internacional de la Música y Danza de Granada

Mehrwöchiges Musikfestival, das die Größen der klassischen Musik mit der Schönheit der Gärten und Paläste der Alhambra vereint.

Juni
www.granadafestival.org

SEPTEMBER
Flamenco-Biennale von Sevilla

Weltweit wichtigstes Flamencofestival, das alle zwei Jahre stattfindet (das nächste Mal 2014) und den Zuschauern in verschiedenen Theatern und Veranstaltungsorten Konzerte und Tanzvorführungen erster Güte bietet.

September
www.generaltickets.com/sevilla

Im Fokus
Die Semana Santa, ein historisches Phänomen

*Die Semana Santa bietet eine grandiose barocke Ausstattung,
die selbst in ungläubigen Menschen großes Staunen
hervorruft und die zur Folge hat, dass es bei den Prozessionen
nicht nur alleine um den Glauben geht.*

Jedes Jahr während der Karwoche spielen sich in Andalusien die gleichen Szenen ab. Wegen des Regens, der im Frühjahr sehr häufig sein kann, müssen einige Prozessionen ausfallen, und dies führt zu den untröstlichen Klagen vieler Gläubiger, die schon stundenlang vor den Kirchen gewartet haben und dem Anlass entsprechend mit Kutten und »capirotes« (den spitz zulaufenden und das Gesicht bedeckenden Büßerkappen) bekleidet sind. Für diejenigen, die die Semana Santa mit Leidenschaft und Inbrunst leben, ist die Prozession ihrer »hermandad« (Bruderschaft) der Höhepunkt der Karwoche; einige Stunden, während derer sie ganz anonym die wertvollen Heiligenfiguren ihrer Kirchen begleiten und in Stille über ihren Glauben nachdenken können.

Im Allgemeinen sind die Andalusier auch nicht religiöser als der Rest der Europäer, und wie auch in anderen Ländern steckt die katholische Kirche

◄ Die Büßerkappen sind typisch für die
Semana Santa (► S. 48), hier in Malaga.

hier ebenfalls in einer tiefen Krise und leidet unter immer leereren Kirchen. Aber diese Mischung aus Kunst, Glauben und Tradition bewirkt, dass sich große Städte wie Sevilla und Granada das ganze Jahr über in die Vorbereitungen für eines der wunderbarsten Schauspiele Europas stürzen. Die barocke Kombination aus Musik und religiöser Garderobe, die Dialog zwischen den Skulpturen und der Architektur der Städte, die Stille und das Lichtspiel der Kerzen in den nächtlichen Prozessionen …

HEILIGE GEGEN PROTESTANTEN

Die heutige Semana Santa hat ihren Ursprung im 16. Jh. und war ein mächtiges Werkzeug der katholischen Kirche gegen Martin Luthers Kirchenreformation. Die Heiligenfiguren wurden aus den Kirchen getragen, um dem Volk den Glauben näherzubringen. Aber nicht immer war die Semana Santa so populär wie heute. Auch wenn es schwer zu glauben ist, wurden in der ersten Hälfte des 20. Jh. die »costaleros« (die Träger der schweren Heiligenfiguren) noch von den Bruderschaften für ihre Arbeit bezahlt. Einige Jahre lang, vor allem zu Zeiten der zweiten spanischen Republik (1931–1936), konnte man die Anzahl der Prozessionen an einer Hand abzählen.

RELIGION UND WIRTSCHAFT

Mit der Demokratisierung nach Francos Tod erfuhr die Semana Santa eine neue Blütezeit. In vielen Städten und Dörfern, wo kaum noch Prozessionen durchgeführt wurden, erlebten die Feierlichkeiten der Semana Santa in den letzten Jahrzehnten einen unglaublichen Zuwachs und wandelten sich wieder zu den großen Spektakeln von damals.

Die Semana Santa ist heute aber nicht nur ein Ereignis von ungeheurer religiöser und kultureller Tragweite, sondern sie spielt auch eine wichtige Rolle in der Wirtschaft Andalusiens, und zwar nicht nur in Bezug auf den Tourismus. Die Wiederbelebung dieser Tradition hat auch viele Berufe, die eng mit der Semana Santa verbunden sind und schon in Begriff waren auszusterben, wieder ins Rampenlicht gerückt. Gold- und Silberschmiede, Kunstschnitzer, Kerzenmacher, Gold- und Silbersticker … sie alle haben Anteil an den atemberaubenden Prozessionen dieser Feierlichkeiten, die, ganz gegen den normalen Lauf der Zeit, immer mehr Anhänger gewinnen.

MIT ALLEN SINNEN
Andalusien spüren & erleben

Reisen – das bedeutet aufregende Gerüche und neue Geschmacks-erlebnisse, intensive Farben, unbekannte Klänge und unerwartete Einsichten; denn unterwegs ist Ihr Geist auf besondere Art und Weise geschärft. Also, lassen Sie sich mit unseren Empfehlungen auf das Leben vor Ort ein, fordern Sie Ihre Sinne heraus und erleben Sie Inspiration. Es wird Ihnen unter die Haut gehen!

◄ Besonders schöne Patios finden sich in der Alhambra (▶ S. 130) in Granada.

ESSEN UND TRINKEN

Restaurante JCG ▶ S. 115, nördl. d 1

Auch wenn die Tapas zum Wahrzeichen der andalusischen Küche geworden sind, so bremsten sie doch auch die gastronomische Entwicklung der Region. Zum Glück gibt es in Andalusien eine neue Generation ambitionierter Köche, die, ohne auf das Ursprügliche zu verzichten, eine mittlerweile auch international anerkannte neue Küche geschaffen haben und die Kritiker sehr begeistern.

Einer dieser Köche ist José Carlos García, dessen Kreationen ohne Zweifel an den Vorreiter der Molekularküche Ferrán Adriá denken lassen. In seinem Restaurant gibt es nur 6 (!) sehr begehrte Tische, sodass Sie unbedingt im Vorfeld telefonisch oder online reservieren sollten.

Málaga | Puerto de Málaga, Plaza de la Capilla | Tel. 9 52 00 35 88 | www. restaurantejcg.com

KULTUR UND UNTERHALTUNG

Alhambra bei Nacht ▶ S. 131, d 2

Die arabischen Architekten entwarfen die Paläste und Gärten der **Alhambra** ⭐ als Spiegelung des Paradieses, das den Menschen nach dem Tod erwartet. Bei einem nächtlichen Besuch vermeidet man die Besuchermassen und kann den Duft der Gärten, das Plätschern der Brunnen und den Glanz der Mosaike und Holzvertäfelungen ganz in Stille genießen. Eine Erfahrung, die man nie vergisst.

Granada | Tel. 9 58 02 79 71 | www. alhambragranada.org/de | 9 €

Flamencokonzert in Sevilla ▶ Klappe hinten, e 4

Das einfache Volk hat schon seit Langem seine Freude und sein Leid, seine Hoffnungen und Ängste, seine Gefühle wie Liebe, Religion oder Tod mithilfe des Flamenco ausgedrückt. Man muss die Texte der Lieder nicht unbedingt verstehen: Im »quejío« (bestimmter Klagelaut/-gesang) liegt eine universelle Kraft, die allen menschlichen Seelen verständlich ist.

Sevilla | Casa del Flamenco, Calle Ximénez de Enciso 18 | Tel. 9 55 02 99 99 | www.lacasadelflamencosevilla.com | tgl. Konzert um 21 Uhr

Private Führung im Museo Picasso ▶ S. 115, d 1

Auch wenn Pablo Picasso seinen Geburtsort Málaga schon früh verließ, war Andalusien doch stets in seinem Werk präsent und schenkte ihm die Motive der Gitarren, Stiere und Anísflaschen, die er hundertfach malte und zeichnete.

Das Museum in seinem Geburtsort ist eine großartige Gelegenheit, die Person und das Werk Picassos besser kennenzulernen, insbesondere wenn man sich von einem professionellen privaten Führer begleiten lässt.

Málaga | Calle San Agustín 8 | Tel. 9 52 12 76 00 | www.museopicassomalaga. org | Di–Fr 10–20, Sa 10–21, So und Feiertage 10–20 Uhr | Für individuelle Führungen auf Deutsch sollte man mindestens eine Woche vor dem geplanten Besuch per E-Mail (reservas@mpicassom. org) anfragen. Formulieren Sie Ihre Anfrage am besten auf Englisch und nennen Sie den Tag und die gewünschte Uhrzeit für den Besuch.

AKTIVITÄTEN
Besuch des Gestüts La Cartuja 👥
🏇 C 5

Die Mönche des Kartäuserklosters von Jerez hatten großen Einfluss auf das Fortbestehen der Pferde der Pura Raza Española. Während des napoleonischen Krieges (1808–1812) hielten sie im Kloster einige Pferde versteckt, da diese Tiere von den französischen Truppen systematisch abgeschlachtet wurden, um den Spaniern so einen Nachteil auf dem Schlachtfeld zu schaffen. Von diesen Pferden stammt eine der wichtigsten Unterrassen der Pura Raza Española ab: das Kartäuserpferd. Die Tiere sind kleiner und leichter als die Andalusier, aber ebenso wie diese meist Schimmel. Man kann sie auch heute noch im historischen Gestüt La Cartuja bewundern. Besuche sind nur an Samstagen möglich, aber die Schönheit und Eleganz der Pferde und das unvergleichliche Renaissancegebäude des Kartäuserklosters machen den Ausflug unvergesslich.

Jerez de la Frontera | Finca Fuente del Suero, Carretera Medina-El Portal km 6,5 | Tel. 9 56 16 28 09 | www.yeguada cartuja.com | Sa 11–13.30 Uhr | Eintritt 15,50 €, ermäßigt 10 €

Cueva de la Pileta bei Ronda 🏇 D 5

Zweifelsohne ist die Besichtigung einer Tropfsteinhöhle ein wunderbares Abenteuer für die Sinne: die Temperaturunterschiede, die veränderten Lichtverhältnisse, das ganz eigene Aroma der Luft und natürlich die wie verzaubert wirkenden Formengebilde der Stalagmiten und Stalagtiten machen das Erlebnis einmalig. Eine der größten Höhlen Andalusiens ist die Cueva de la Pileta in Benaoján bei Ronda, in der außerdem noch prähistorische Malereien von Hirschen, Bisons, Pferden, Ziegen, Stieren und anderen Tieren erhalten sind, die vor über 20 000 Jahren entstanden.

Benaoján | www.cuevadelapileta.org | 10–13 und 16–17 Uhr, im Sommer bis 18 Uhr | Eintritt 8 €, ermäßigt 5 €

Plaza de la Corredera in Córdoba
▶ S. 95, c 2/3

Die Plaza de la Corredera ist einer der schönsten Orte Andalusiens und bleibt oft unbemerkt von den Reisenden, die in Córdoba Station machen, da sie etwas versteckt und ein paar Minuten vom historischen Zentrum und der Mezquita entfernt liegt. Auch gerade deshalb ist der Platz ein Geschenk für die Sinne: Die hübsche und regelmäßige Architektur, die schattigen Säulengänge voll mit Bars und Tavernen und die unzähligen Cafés, die es dem Besucher erlauben, einen Kaffee oder einen Wein zu genießen, ohne um einen Tisch kämpfen zu müssen, machen diese »plaza mayor« zu einem der Lieblingsorte der Cordobeser. Abends, bis die Bars gegen Mitternach schließen, herrscht hier eine angenehme Stimmung, und es tummelt sich ein bunt gemischtes Publikum mit Menschen jeder Altersklasse. Die Plaza de la Corredera ist einfach einer jener Orte, die zu einem entspannten Gespräch einladen, bei dem man die Zeit vergessen kann.

Córdoba | Plaza de la Corredera, nur zwei Minuten vom Rathaus entfernt

Schinkenprobe   G 4

Dank des Klimas der Alta Alpujarra ist das kleine Dorf Trevélez in ganz Spanien für seinen köstlichen »jamón ibérico« (iberischen Schinken) bekannt. Nach einer kleinen Wanderung oder Spazierfahrt durch die Landschaft gibt es nichts Besseres als einen Besuch bei einem traditionellen Schinkenhersteller wie Jamones Vallejo, wo die luftgetrockneten Schätze der spanischen Gastronomie verkostet werden können. Seine Herstellung und Genuss sichert den Fortbestand des einzigartigen Ökosystems der Steineichenwälder, da die schwarzen Iberischen Schweine

nur dort leben und ihre Nahrung finden können.

Jamones Vallejol | Trevélez | Calle Haza de la Iglesia s/n | Tel. 9 58 85 85 35 | www.jamonesvallejo.com | Mo–Fr 9 – 14 und 15–18 Uhr. Für Gruppen ab 6 Personen mit vorheriger Reservierung auch samstags und sonntags geöffnet

WELLNESS
Die arabischen Bäder in Córdoba
▶ S. 95, b 3

In früheren Zeiten hatten die römischen Thermen und arabischen Bäder nicht nur einen hygienischen Nutzen, sondern dienten auch damals schon der Pflege des Körpers und der Seele. Die abwechselnden Bäder mit kaltem, warmem und heißem Wasser bleiben bis heute eine Erfahrung für alle Sinne.

Córdoba | Hammam Al-Ándalus | Calle Corregidor Luis de la Cerda 51 | Tel. 9 57 48 47 86 | www.cordoba.hammam alandalus.com/de | tgl.10–0 Uhr

Allein schon die Anlage des Hammam Al Andalus (▶ S. 55) in Córdoba ist so märchenhaft, dass die Entspannung und die Anregung aller Sinne fast garantiert ist.

Im Fokus
Der Flamenco, eine Tragödie in der ersten Person

Der Flamenco ist besonders, er ist einzigartig. Er ist ein Lebensstil. Vielleicht liegt es an den uralten und dramatischen Klängen, an den Ausrufen tiefster Traurigkeit, die in uns das Gefühl wecken, alleine mit dem Schicksal hadern zu müssen?

Für Andalusier ist der Flamenco viel mehr als nur ein Musikstil. Der Flamenco entstand, ähnlich wie der Blues in den USA, als Ausdruck des Leidens der Gitano-Minderheiten (Sinti und Roma) und ist noch immer tief verwurzelt in der Seele der Andalusier. Felix Grande, einer der Intellektuellen, die sich mit Nachdruck für die künstlerische Anerkennung des Flamenco einsetzten, beschrieb den Flamenco als Zeugnis »der kollektiven Erinnerung des Großteils der Andalusier, die von Armut und Besitzlosigkeit gekennzeichnet waren«. Der Schriftsteller José Monleón bezeichnete die künstlerische Ausdrucksform auch als »Tragödie in der ersten Person«. Immer noch, auch wenn die Gitanos nicht mehr unter den Verfolgungen der Vergangenheit zu leiden haben, bewahrt der Flamenco in Tanz und Gesang sein Grundmerkmal: den herzzerreißenden und innersten Ausdruck ganz individueller menschlicher Gefühle.

◄ Flamenco-Tanzshow im Tablao Los Gallos
im Barrio de Santa Cruz, Sevilla (► S. 80).

Flamenco ist aber nicht nur eine Art »Volksmusik«, eine musikalische Ausdrucksform der einfachen Bevölkerung. Flamenco ist besonders. Wer schon einmal die Ekstase eines guten »cantaor« (Sänger) oder die Raserei einer »bailaora« (Tänzerin) auf der Bühne bewundern durfte, kennt dieses Gefühl. Wenig Musik dringt so schnell in das Herz und in die Seele der Zuhörer vor wie der Flamenco. Die Magie des Flamenco wird von den Andalusiern »duende« genannt, und es wird gesagt, dass der Flamenco »duende« hat, wenn er fähig ist, sprachliche Barrieren zu überschreiten und das Unaussprechliche auszudrücken, das sich in unserer Seele verbirgt.

MUSIK DER GITANOS

Die Wurzeln diese Kunstform sind unklar und ein ständiger Streitpunkt zwischen Experten. Die Mehrheit ist der Ansicht, dass der Flamenco auf die aus Indien stammenden Gitanos, die im 14. Jh. nach Europa kamen, zurückgeht. Andere sehen in der Kunstform eine direkte Verbindung mit der arabischen Bevölkerung der Iberischen Halbinsel. In der Tat ist es nicht schwer, aus den Tonalitäten und Klängen des Flamenco die monotonen Gesänge der islamischen Musik herauszuhören. Aber auch Phönizier, Griechen, Byzantiner ..., alle Völker, die sich auf der Iberischen Halbinsel niederließen, brachten ein Stück ihrer Heimat nach Andalusien. Wie alles in der Geschichte Andalusiens ist wohl auch der Flamenco mit seinen vielen Unterarten, den sogenannten »palos«, eine Mischung verschiedenster Einflüsse, die wiederum von den Gitanos mit ihren eigenen Klängen verfeinert wurde. Selbst der Name Flamenco gibt den Forschern Rätsel auf. Einige behaupten, dass das Wort vom Arabischen »felah-mengus« abgeleitet ist, was so viel bedeutet wie umherziehende Bauern. Andere sind der Überzeugung, dass die Bezeichnung auf die Flandern zurückgeht, da die ersten Gitanos über diese heute belgische Region nach Spanien kamen und die Bewohner von Flandern auf Spanisch »flamencos« genannt werden. Diese erste Phase des Flamenco wird für die Historiker weiterhin ein Rätsel bleiben, da es die Kunstform des einfachen Volkes war und es keine Aufzeichnung mit Noten und Texten gibt. Erst im 19. Jh. verliert der Flamenco seine Position am Rande der Gesellschaft und erhält durch die ersten Stars wie die Gitarristen El Fillo und El Planeta Einzug in die Feuilletons und auf die großen Bühnen.

Zu Beginn des 20. Jh. werden auch schon Flamenco-Schallplatten herge-stellt, und die Namen von Sängern und Sängerinnen wie Antonio Chacón, Manuel Torre oder La Niña de los Peines sind im ganzen Land bekannt. Der Flamenco erlebt während dieser Zeit seinen Höhepunkt, und die Künstler erreichen einen noch nie dagewesenen Ruhm. Es sprießen auch in vielen Städten sogenannte »cafés cantantes« mit täglichen Vorstellun-gen aus dem Boden, und der Flamenco verliert nach und nach seinen familiären Charakter und wird zum öffentlichen Spektakel. Dieser neue Flamenco hört auf, ein rein andalusisches Phänomen zu sein, und wird zu einem Symbol für die spanische Identität. Madrid wird zum neuen Zen-trum des Flamenco, und die Konzerthäuser, Theater und »cafés cantantes« der Hauptstadt ziehen viele verschiedene Künstler an, die es zu Ruhm bringen wollen.

FLAMENCO ALS SHOW

Der Bürgerkrieg und die Diktatur Francisco Francos läuten eine erneute Wende in der Geschichte des Flamenco ein. Zu dieser Zeit werden soge-nannte »óperas flamencas« (Flamenco-Opern) sehr beliebt. Es sind große Shows von Flamenco-Ensembles, die im ganzen Land in Theatern oder Kinos auftreten. Die »ópera flamenca« ist in den ersten Jahren der Dikta-tur richtig populär, da sie sich auf die »einfachen« Arten des Flamenco beschränkt und die Massen mit Shows anzieht, in denen es hauptsächlich um Werte wie Vaterland, Religion, Liebe und Nationalstolz geht. Diese Vorführungen werden so beliebt, dass sogar eine neue Musikrichtung aus ihnen hervorgeht. Die »copla« oder »canción española« wird zur Musik für die breite Masse, während der echte Flamenco sich nun wieder in ge-schlossenen Kreisen weiterentwickeln kann.

MUSIK DER FREIHEIT

Der Einzug der Demokratie ist für den Flamenco eine große Herausfor-derung. Die andalusischen Intellektuellen geben sich große Mühe, den Flamenco vom enormen Schatten der Diktatur zu trennen, die die tradi-tionelle andalusische Musik für ihre Zwecke zu nutzen wusste und so das falsche Bild des »echten Spaniens« geschaffen hat, zugleich aber auch die Traditionen der anderen spanischen Völker wie der Basken und Katala-nen unterdrückte und verbot. Der echte Flamenco aber, die ursprüngli-che und bewegende traditionelle Musik der Gitanos, brauchte nicht lan-ge, um sich als Musik der Freiheit zu bestätigen. Dank einer neuen Generation von Künstlern kann nicht nur der pure, unverwaschene

Klang wiederbelebt, sondern auch zum ersten Mal der Flamenco über die Grenzen Spaniens hinaus bekannt gemacht werden.

Unzahlige Künstler wie Enrique Morente, José Dimínguez »El Cabrero« oder Vicente Amigo waren an der Wiederbelebung dieser künstlerischen Ausdrucksform beteiligt, aber zwei außergewöhnliche Künstler stechen besoders hervor: Camarón de la Isla und Paco de Lucía. José Momge Cruz, der sich als Camarón de la Isla einen Namen machte, wurde 1950 in San Fernando (Cádiz) geboren und stand schon im Alter von fünf Jahren auf der Bühne. Seine außergewöhnliche Stimme und sein grundlegender Beitrag zur Öffnung des Flamenco und dessen Durchmischung mit anderen Musikrichtungen wie Pop, Jazz, Rock oder gar elektronischer Musik ließen ihn noch zu Lebzeiten zur Legende werden. Sein Album »Soy Gitano« wurde zum berühmtesten Flamencoalbum der Geschichte. Der frühe Tod Camaróns im Alter von nur 41 Jahren machte ihn zum Idol der Massen, die dank ihm die Kunst des Flamenco neu entdeckten.

PACO DE LUCÍA, DER PERFEKTIONIST

Der Ausnahmegitarrist Paco de Lucía begleitete Camarón de la Isla bei vielen Aufnahmen und Konzerten und ist auch irgendwie ein Gegensatz zu Camarón, der nicht nur für seine Musik, sondern auch für seine Drogenexzesse und Probleme mit dem Gesetz berüchtigt war. Paco de Lucía hingegen ist der maßvolle Künstler, der nur für dafür lebt, mit seiner Gitarre ständig neue Grenzen zu überschreiten und Perfektion zu erlangen. Als Preisträger des Premio Príncipe de Asturias 2004 ist Paco de Lucía heute einer der größten Meister der Flamencogitarre und Hauptverantwortlicher für die Verbreitung dieser Musik auf der ganzen Welt.

Heute wäre die spanische Musik ohne die Einflüsse und Entlehnungen des Flamencos nicht zu verstehen. Seit den 1980er-Jahren tauchen immer mehr Gruppen auf, die man am besten unter dem Label »Nuevo Flamenco« zusammenfasst. Zu den Pionieren zählt die Band Pata Negra aus Sevilla. Pata Negra verbanden die Klänge des Flamenco mit denen des Blues, um einen eingängigen Sound zu erzeugen, mit dem sie beim Publikum viel Erfolg hatten. Zu ihnen gesellten sich andere Musikgruppen wie Ketama, die französischen Gipsy Kings und Ojos de Brujo. Während der »Nuevo Flameco« auf der ganzen Welt Triumphe feiert, kann sich auch der reine Flamenco dank junger Künstler mit »duende« wie Miguel Ángel Poveda, Arcángel oder Estrella Morente, die vielleicht das durch Camaróns Tod entstandene Vakuum füllen können, weiterentwickeln und wachsen.

ANDALUSIEN
ERKUNDEN

Der grandiose Puente Nuevo in Ronda
(▶ S. 125) beeindruckt jeden Besucher.

COSTA DE LA LUZ –
CÁDIZ UND HUELVA

*Die »Küste des Lichts« am Atlantik zwischen Tarifa und der
Grenze zu Portugal hat ihren eigenen Charme mit lebhaften
Städten, ruhigen weißen Stränden und beschaulichem, gebirgigem
Hinterland, das entdeckt werden will.*

Von der portugiesischen Grenze in der Provinz Huelva bis nach Gibraltar
erstreckt sich eine paradiesische Küste mit feinsandigen Stränden, die
von der Bauwut des Immobilienbooms relativ verschont geblieben sind.
In den 1960er-Jahren entstand hier ein Paradies für Hippies, Surfer und
junge Leute, die die einsamen Strände und den Wind genießen wollten.
Vielleicht liegt es an ihnen, dass an den schönsten Abschnitten der Küste
keine Apartmentblocks und Hotelbunker entstanden sind. Heute ist die
Costa de la Luz ein Magnet für Tausende von Reisenden aus ganz Europa,
für Städter, gestresste Büroangestellte und die Urlauber, die den Beton-
massen anderer Küstenorte entfliehen wollen. Das Schöne an dieser Region ist aber, dass weder die Provinz Huelva noch die Provinz Cádiz, die

◀ Badebucht am Cabo de la Plata bei
Zahara de los Atunes (▶ S. 71), Cádiz.

von vielen »Cádizfornia« genannt
wird, nicht viel von ihrem alterna-
tiven Charakter verloren hat und
dass es immer noch Orte gibt, in
denen die gemütliche und lässige
Atmosphäre von einst zu spüren ist. Die Provinzen Cádiz und Huelva
sind aber nicht nur eine Küstenregion. Es wäre ungerecht, sie nur auf ihre
Strände zu reduzieren. Man sollte nicht nur zum Baden herkommen,
sondern auch in die jahrtausendealte Geschichte eintauchen, die Wiege
des berühmten Sherrys kennenlernen, durch die Naturparks wandern
oder sogar einen Ausflug nach Marokko planen, dessen Berge so aussehen, als ob man sie fast anfassen könnte. Die Atlantikküste Andalusiens
ist so reich an Schätzen, dass man am liebsten das ganze Leben lang hier
Urlaub machen möchte. Mai, Juni und die zweite Septemberhälfte sind
die beste Reisezeit für die Küste der Provinz Cádiz. Schönes Wetter und
wenige Touristen!

CÁDIZ

▲ B 5

124 000 Einwohner
Stadtplan ▶ S. 65

Die älteste Stadt der Iberischen Halbinsel wurde der Legende nach durch
Herakles gegründet. Darauf beruft sich
das Stadtwappen mit der Inschrift
»Hercules Fundator Gadium Domina-
torque« (Herkules, Gründer und Herrscher von Cádiz). Ob das nun stimmt
oder doch ausgedacht ist, jedenfalls
blickt Cádiz auf eine lange, wechsel-
hafte Geschichte zurück, die auch den
Charakter der Einheimischen geprägt
hat. Schon seit vielen Jahren laufen die
Dinge nicht gut für Cádiz: Die Arbeitslosenquote ist so hoch wie nie, und
auch das Altstadtviertel La Viña hat
schon bessere Tage gesehen. Und trotzdem fühlt man sich hier sehr wohl, und
die Einwohner sind immer zu einem
Späßchen bereit und stecken die Besucher mit ihrer fröhlichen Art an. Dafür
gibt es keinen bestimmten Grund, aber
wenn man durch die Straßen der Stadt
spaziert, sich der Kathedrale und dem
römischen Theater nähert, den Stadt-
strand la Caleta, diese maritime Stadt-
landschaft, die an Havanna erinnert,
besucht oder wenn man auf die im-
mense Weite des Meeres blickt, das die
Stadt von fast allen Seiten umschließt,
wird einem schnell klar, dass es durchaus viele sehr gute Gründe dafür gibt,
dass die Einheimischen auch in schwie-
rigen Zeiten stets ihre gute Laune be-
halten haben. Cádiz ist vielleicht nicht
die sauberste und gepflegteste Stadt
Andalusiens, aber an Charme ist sie
nicht zu übertreffen.

SEHENSWERTES

① Catedral de Santa Cruz

Gekrönt von der goldgelb gefliesten Kuppel, dominiert die massige, weiße Gestalt der Kathedrale mit der wunderbaren barocken Fassade das Stadtbild. Von den Türmen bietet sich ein herrlicher Panoramablick über die Stadt.

Plaza de la Catedral s/n | Tel. 9 56 28 61 54 | Mo–Sa 10–18.30, So 11.30–12.30 und 13–18 Uhr | Eintritt 5 €, ermäßigt 3 €, Di–Fr 19–20 und So 11.30–13 Uhr

MUSEEN UND GALERIEN

② Museo de Cádiz

In einer Stadt mit einer über 3000 Jahre langen Geschichte ist der Besuch des Stadtmuseums Pflicht. In der archäologischen Abteilung sind die anthropomorphen Sarkophage aus phönizischer Zeit hervorzuheben, die unter der Stadt gefunden wurden. Bei den Gemälden im ersten Stock gibt es Werke von Zurbarán, Murilllo und Rubens zu bestaunen.

Plaza de la Mina s/n | Tel. 9 56 10 50 23 | Di 14.30–20.30, Mi–Sa 9–20.30, So und Feiertage 9–14.30 Uhr, Mo geschl. | Eintritt EU-Bürger frei, sonst 1,50 €

ÜBERNACHTEN

③ Casa Patio del Panadero 🏃

Mitten in der Altstadt – Das kleine Hotel in einem wunderschön restaurierten Altstadthaus ist hell, freundlich und geschmackvoll eingerichtet. Der Besitzer Guillermo hat auch stets die besten Tipps und Ratschläge parat, damit man die Geheimnisse seiner Heimatstadt entdecken kann. Auch Apartments zur Selbstverpflegung stehen zur Verfügung.

Calle San José 39 | Tel. mobil 6 60 98 65 25 | www.facebook.com/CasaPatioDelPanadero | 5 Zimmer | ♿ | €€

ESSEN UND TRINKEN

RESTAURANTS

④ Restaurante-Bar Terraza 🏃

Mit Blick auf die Kathedrale – Die Bar Terrazza ist bei den Caditanern sehr beliebt. Hier gibt es Tapas und traditionelle Gerichte zu guten Preisen. Außerdem verfügt das Lokal über eine wunderbare Terrasse mit Blick auf die Kathedrale, auf der man den Tag auf die angenehmste Weise ausklingen lassen kann.

Plaza de la Catedral 3 | Tel. 9 56 26 53 91 | Mo–Sa 10–2 Uhr, So abends geschl. | €€

Restaurante El Ventorrillo del Chato 🏃 ⏴ B 5

Tradition und Qualität – Dieses ehemalige Fernfahrerrestaurant befindet sich etwa 13 km außerhalb von Cádiz und ist heute eines der besten Restaurants, um die wahre Küche der Region zu kosten. Das Essen ist von sehr guter Qualität, und das Preis-Leistungs-Verhältnis stimmt auch. Empfehlenswert sind die paellaähnlichen Reisgerichte mit Ente oder Meeresfrüchten.

Vía Augusta Julia s/n | Carretera San Fernando-Cádiz | Tel. 9 56 25 00 25 | www.ventorrilloelchato.com | Mo–Sa 13.30–16.30 und 21.30–23.30 Uhr, So abends geschl., Aug. So geschl. | €€€

BARS

⑤ Taberna Casa Manteca

Caditaner Ritual – Ein Stopp in dieser Bar gehört zum Besuch der Stadt. Die Taberna Casa Manteca fällt auf durch

ihre bunt gemischte Einrichtung und durch die Tapas, die anstatt auf Tellern auf Packpapier gereicht werden. Ein perfekter Ort, um mit Einheimischen ins Gespräch zu kommen.

Calle del Corralón de los Carros 66 | Tel. 9 56 21 36 03 | Mo–So 12–16.30 und 20.30–1 Uhr | €–€€

KULTUR UND UNTERHALTUNG

6 Café-Teatro Pay Pay

Das Teatro Pay Pay ist ein Klassiker der caditanischen Nächte, seit Anfang des 20. Jh. der Hafen der Stadt von Matrosen und Reisenden wimmelte. Im Jahr 2001 wurde das Lokal wieder eröffnet und hat auch Konzerte (Programm siehe Web) im Programm.

Calle Silencio 1 | Tel. 9 56 25 25 43 | www.cafeteatropaypay.com | Mo–So 21.30–2 Uhr

SERVICE

AUSKUNFT

Fremdenverkehrsbüro

▶ S. 65, südöstl. f 3

Av José León de Carranza s/n | Tel. 9 56 28 56 01 | www.cadiz.es | 16. Sept.–30. Juni Mo–Fr 8.30–15 und 16.30–18, 1. Juli–15. Sept. Mo–Fr 9–15 und 17–19 Uhr, Wochenende und Ferientage 9–17 Uhr

Ziele in der Umgebung

◎ **ARCOS DE LA FRONTERA** ⚑ C 4/5

31 300 Einwohner

Arcos de la Frontera zählt zu den malerischsten Orten Andalusiens. Die Altstadt erhebt sich auf einer Felsformation, die aus der Landschaft aufragt und abrupt in der spektakulären Schlucht des Flusses Guadalete endet. Die Straßen sind mit Orangenbäumen gesäumt und werden immer enger, je mehr man

Das prächtige Pedro-Domecq-Gebäude – besser bekannt als El Gallo Azul – in der Calle Larga in Jerez de la Frontera (▶ S. 67) steht für den wirtschaftlichen Erfolg der Sherry-Dynastien.

sich dem höchsten Punkt des Ortes mit der Burg nähert. Hier oben befindet sich auch das alte arabische Viertel, das zu Zeiten des Zerfalls des Kalifats von Córdoba die Hauptstadt eines von Berbern regierten eigenständigen Königreiches war. Von der Burg und vom Aussichtspunkt, der »balcón« genannt wird, genießt man grandiose Ausblicke auf den Fluss und die Orangenplantagen der Gegend.

68 km nordöstl. von Cádiz

ÜBERNACHTEN

Parador de Arcos 👫

Herrliche Aussicht – Die beste Art, Arcos de la Frontera und das wunderschöne Panorama der Landschaft zu genießen, ist es, eine oder zwei Nächte im Parador, der mitten in der Altstadt liegt und von vielen Zimmern eine traumhafte Aussicht bietet, zu verbringen. Alle Zimmer haben einen kleinen Balkon, und in der Cafeteria des Paradores können alle Gäste und Besucher das besondere Flair dieses Hauses genießen.

Plaza del Cabildo s/n | Tel. 9 56 70 05 00 | www.paradores.de/parador-de-arcos-de-la-frontera.htm | 24 Zimmer | ♿ | €€€

ESSEN UND TRINKEN

La Taberna Jóvenes Flamencos 👫

Tapas und Flamenco – Hier gibt es alles, was man von einer andalusischen Taverne erwartet: eine bunte Dekoration, Flamenco-Flair (mit etwas Glück kann man einen Liveauftritt erleben) und eine gute Auswahl an Tapas.

Calle Deán Espinosa 11 | Tel. mobil 6 57 13 35 52 | www.tabernajovenesflamencos.blogspot.de | tgl. 12–1 Uhr, Mi geschl. | €€

◎ JEREZ DE LA FRONTERA   🌿 C 5
211 800 Einwohner

Im Gegensatz zu Cádiz, der offenen und kosmopolitischen Hafenstadt schlechthin, hat Jerez de la Frontera einen ganz anderen Charakter. Die Stadt wird von der Landwirtschaft und insbesondere vom Weinanbau bestimmt. Von hier stammt der weltweit berühmte **Sherry**, den die Stadt mit großem Geschick in alle Welt exportiert. Jerez de la Frontera ist eine herrschaftliche Stadt und naturgemäß wesentlich konservativer als Cádiz. Das Stadtbild mit seinen eleganten Boulevards und Plätzen erinnert stark an Sevilla. Zwischen den Städten Cádiz und Jerez de la Frontera liegt aber mehr als nur der unterschiedliche Charakter. Immer schon herrschte eine große Rivalität zwischen beiden, und die Jerezanos forderten, dass ihre Stadt die Provinzhauptstadt sein sollte. Nicht nur, weil es die größte Stadt der Provinz ist, sondern auch, weil Jerez de la Frontera schon seit Jahrhunderten der wirtschaftliche Motor der Region ist. Die Wirtschaft hängt natürlich eng mit den hier angebauten Weinen zusammen, die seit Beginn des 17. Jh. einen Höhenflug erlebten, als eine Reihe britischer Familien wie die Osbornes oder die Duff-Gordons sich hier niederließen, um große Weingüter in der Region zu bauen. Heute verdient Jerez de la Frontera einen längeren Besuch, bei dem man nicht nur die grandiosen Weingüter kennenlernen kann, sondern auch die vielen wunderbaren religiösen Bauwerke der Stadt und das alte Stadtviertel Barrio de San Miguel, das zu den Wiegen des Flamenco zählt.

37 km nördl. von Cádiz

SEHENSWERTES

Alcázar von Jerez de la Frontera

Der Alcázar von Jerez de la Frontera ist ein fast einmaliges Beispiel für die almohadische Architektur auf der Iberischen Halbinsel. Die hohen Mauern geben dem Alcázar eine militärische Erscheinung, aber in ihrem Inneren verbergen sich hübsche Gärten und die einzige erhaltene Moschee von den insgesamt acht, die es früher in Jerez gab.

Calle Alameda Vieja s/n | Tel. 9 56 14 99 55 | Mo–So 9.30–15 Uhr, im Sommer auch nachmittags geöffnet | Eintritt 5 €, ermäßigt 1,50 €

Sherry-Vielfalt

4

Seit Jahrhunderten ist der Likörwein – der keinesfalls süß sein muss – der andalusische Exportschlager aus Jerez de la Frontera (▸ S. 13).

Bodegas Tradición

Neben der wohl bekanntesten Bodega Tío Pepe sind die Bodegas Tradición eine exzellente Option, um die Welt des Weines kennenzulernen. Die Bodegas befinden sich im Stadtzentrum und bieten geführte Besuche auf Deutsch an. Die Besucher können im Anschluss die hauseigene Kunstsammlung besichtigen, der Werke von Velázquez, El Greco oder Goya angehören. Ein Besuch ist nur mit Anmeldung per Telefon oder E-Mail möglich.

Calle de los Cordobeses 3 | Tel. 9 56 16 86 28 | http://www.bodegastradicion.es, visitas@bodegastradicion.es | Mo–Fr 9–18.30, Sa 10–14, im Sommer Mo–Fr 8–15 Uhr, So und Feiertage geschl. | Eintritt 20 €

Cartuja Santa María de la Defensión

Am Ufer der Flusses Guadaletete, an dem Ort, wo 1368 eine entscheidende Schlacht gegen die Araber stattfand, wurde 1571 mit dem Bau dieses Kartäuserklosters mit seiner beeindruckenden Renaissancefassade begonnen. Ohne Zweifel ist das Kloster der schönste und wertvollste Sakralbau der Provinz, und obwohl heute nur die Gärten (und die Kirche während des Gottesdienstes) besucht werden können, da das Kloster immer noch in Betrieb ist, lohnt sich der Besuch. Das Kloster liegt etwa 6 km vom Zentrum entfernt.

Carrera de Jerez a Algeciras | Tel. 9 56 15 64 65 | www.turismojerez.com | Mo–Sa 7–18 Uhr

Catedral de San Salvador

Die Kathedrale von Jerez de la Frontera wurde im 16. Jh. erbaut und zeigt eine interessante Mischung aus spätgotischen, barocken und neoklassizistischen Elementen. Hervorzuheben sind der frei stehende Glockenturm und die herrlichen Gemälde aus der Schatzkammer der Kathedrale.

Plaza de la Encarnacion s/n | Tel. 9 56 16 90 59 | www.diocesisdejerez.org | Mo–Sa 10–18.30 Uhr | Eintritt 5 €, ermäßigt 2 €

Escuela Andaluza del Arte Ecuestre

Die Spanische Hofreitschule ist weltweit für ihre Reitvorführungen mit den tanzenden Pferden bekannt, eine wunderbare Vorführung, in der die Agilität und die Kraft der hier gezüchteten Pferde der Pura Raza Española (P.R.E.) deutlich wird. Für die verschiedenen Reitvorführungen bitte das Internet konsultieren. Karten sollten im Vorfeld online gekauft werden.

Av Duque de Abrantes 50 | Tel. 9 56 31 96 35 | www.realescuela.org | Mo, Di, Mi, Fr 10–14 Uhr | Eintritt 11 € für Besichtigung der Hofreitschule, Ställe, Training und Kutschenmuseum, 20 € Vorführung

ÜBERNACHTEN

Casa Grande 👫

Boutique-Hotel mit Flair – Direkt auf der hübschen Plaza de la Angustias befindet sich das ehemalige Herrenhaus, das heute ein kleines Hotel beherbergt. Die Zimmer sind frisch renoviert, und das Haus besticht durch das familiäre Ambiente und das sehr freundliche und zuvorkommende Personal.

Plaza de las Angustias 3 | Tel. 9 56 34 50 70 | www.casagrande.com.es | 15 Zimmer | ♿ | €€€

ESSEN UND TRINKEN

Restaurante La Posada

Fleisch und Fisch aus der Region – Ein gutes Lokal mit einfachen, aber leckeren Gerichten aus der Region. Zu empfehlen sind die Fleisch- und Fischgerichte und die gegrillten Meeresfrüchte.

Calle Arboledilla 1 | Tel. 9 56 33 91 20 | www.laposadadejerez.com | Mo–So 13–23 Uhr | €€

◎ SANLÚCAR DE BARRAMEDA

◢ B 4

67 200 Einwohner

Sanlúcar de Barrameda ist ein zauberhafter Ort. Hier mündet der Guadalquivir in den Atlantik, und seine Vereinigung mit dem Ozean, mit den Kiefernwäldern des Nationalparks Doñana im Hintergrund, bietet den Besuchern der Stadt einen der schönsten

Die Königlich-Andalusische Reitschule (▶ S. 68) in Jerez de la Frontera mit ihren tanzenden Pferden dient dem Schutz und der Förderung der reinsten spanischen Pferderassen.

Der Nationalpark Coto de Doñana (▶ S. 71) zeichnet sich durch eine beeindruckende Dünenlandschaft, aber als Spaniens wichtigstes Feuchtgebiet auch durch Marschland aus.

Sonnenuntergänge Spaniens. Am schönsten zu sehen ist die Einmündung vom Stadtteil **Bajo del Guía** aus. Bei einem Spaziergang am Flussufer bis zum kleinen Fischerhafen von Bonanza kann man immer noch einige ursprüngliche Fischerhütten und die Ruine des Castillo del Salvador, das die Flussmündung bewachte, entdecken. Das Viertel Bajo del Guía ist der maritimste Teil der Stadt. Hier machten die Galeonen auf ihrer Fahrt nach Amerika den letzten Halt, bevor sie zu ihrer abenteuerlichen und ungewissen Reise über den Atlantik aufbrachen, wenn sie nicht gleich auf der vorgelagerten, gefährlichen Sandbank Schiffbruch erlitten. Auch heute noch kann man von der Stadt aus die Reste des einen oder anderen zerstörten Schiffes sehen. Heute ist der Bajo del Guía eine Zone mit einer erstaunlichen Dichte an sehr guten Fischrestaurants, die auch von den Einheimischen gerne besucht werden. Das Zentrum von Sanlúcar de Barrameda erhebt sich auf einem sanften Hügel und versteckt in seinem weißen Gassengewirr einige wunderschöne Kirchen und Paläste.

52 km nördl. von Cádiz

SEHENSWERTES

Nationalpark Coto de Doñana

Der Nationalpark Coto de Doñana im enormen Delta des Guadalquivir ist eines der wichtigsten Naturreservate Europas, da es Hunderttausenden von Zugvögeln als Winterquartier oder Zwischenstopp dient. Die Landschaft des Parks ist abwechslungsreich und bietet Platz für verschiedene Ökosysteme. Es gibt Dünen, Marschland, Reisfelder und Kiefernwälder, die dem stark vom Aussterben bedrohten iberischen Luchs ein Refugium bieten. Eine etwa 30-minütige Bootsfahrt mit dem Dampfer Buque Real Fernando zu den Stränden des Nationalparks und eine daran anschließende Jeepfahrt erlauben dem Besucher, dieses Naturschutzgebiet zu entdecken.

Tel. 9 56 36 38 13 | www.visitasdonana. com | Reservierung: info@visitas donana.com

ÜBERNACHTEN

Hospedería Duques de Medina Sidonia

Große Geschichte – Der Palast der Herzöge von Medina Sidonia ist der Hauptsitz des ältesten Herzogtums Europas. Bis 2008 war er die Residenz von Luisa Isabel Álvarez de Toledo, einer Adligen, die aufgrund ihrer republikanischen Ideale in Spanien den Beinamen »Rote Herzogin« erhielt. Heute ist der Palast ein zauberhaftes Hotel mit schönen Räumlichkeiten, einem wunderbaren Garten und gleichzeitig eines der größten und wichtigsten Privatarchive mit historischen Schriftstücken.

Plaza Conde de Niebla s/n | Tel. 9 56 36 01 61 | www.ruralduquesmedinasido nia.com | 9 Zimmer | ♿ | €€€

ESSEN UND TRINKEN

Casa Balbino

Die besten Tapas – Casa Balbino ist das Tapas-Pendant zum berühmten Restaurant Casa Bigote (▸ S. 28) und die beste Adresse der Stadt für Tapas. Besonders typisch für Sanlúcar de Barrameda sind die »ortiguillas« (essbare Seeanemonen) und die schmackhaften »tortitas de camarones« (ausgebackene Krabbenomeletts).

Plaza del Cabildo 14 | Tel. 9 56 36 05 13 | www.casabalbino.com | tgl. 12–17 und 19–0 Uhr | €€–€€€

Casa Bigote ▸ S. 28

VEJER DE LA FRONTERA

C 5

12 800 Einwohner

Vejer de la Frontera hat alles, was man zum Wohlfühlen braucht. Es ist einfach einer dieser Ort, in denen man gerne leben möchte. Das Städtchen liegt einige Kilometer von der Küste entfernt auf einem kleinen Hügel. Im Sommer ist es hier längst nicht so voll wie in den nahen Küstenorten wie Conil de la Frontera, die man am besten im Juli und August meidet. Aber Vejer de la Fronetra liegt nahe genug an der Küste, um in wenigen Autominuten das Cabo de Trafalgar (Schauplatz der berühmten Seeschlacht), Zahara de los Atunes, Los Caños de Meca und El Palmar, die Orte mit den paradiesischsten Stränden Andalusiens, zu erreichen.

ÜBERNACHTEN

Hotel V

Ein Kleinod zum Entspannen – In diesem kleinen Boutique-Hotel fühlt man sich gleich wie zu Hause. Auf der Dachterrasse befindet sich ein Whirlpool, in dem man wunderbar entspannen kann und dabei die Aussicht auf die nahe Lagune von La Janda, die langen Sandstrände und sogar auf die Küste von Marokko genießt.

Caller Rosario 11–13 | Tel. 9 56 45 17 57 | www.hotelv-vejer.es | 12 Zimmer | ♿ | €€€€

Casas Karen ▸ S. 24

ESSEN UND TRINKEN

Los sabores de la tierra 👫

Hervorragende Küche – Dieses Restaurant in Vejer de la Frontera genießt den Ruf, eines der besten Restaurants der gesamten Provinz zu sein. Unbedingt probieren sollte man den Salat aus gegrillten Paprika (»ensalada de pimientos asados«), Feigen in Blätterteig (»hojaldre de higos«) und das Rindfleisch aus der nahen Sierra.

Pago de Santa Lucía s/n | Tel. 9 56 45 14 97 | www.restaurantecastilleria.com | 1. März–12. Okt. tgl. 13.30–16.30 und 20–23 Uhr, Fr mittags geschl. | €€€

KULTUR UND UNTERHALTUNG

El Dorado

Schon vor Jahrzehnten haben die Surfer beschlossen, dass die schönsten Sonnenuntergänge die von El Palmar sind. In der Strandbar El Dorado wird es allabendlich, wenn die Sonne im Meer versinkt, ganz still, bis nach dem Sonnenuntergang der Applaus losgeht. Ein Ritual, das nun schon seit Jahren so begangen wird.

Playa de El Palmar | Tel. mobil 6 18 21 93 51 | www.facebook.com/eldorado. elpalmar

GRAZALEMA ⚑ D 5

2200 Einwohner

Neben Ronda ist Grazalema der wichtigste Ort der sogenannten weißen Dörfer, einer Ansammlung von kleinen Dörfern und Städtchen, die sich über die gesamte Fläche des Naturparks **Sierra de Grazalema** 🔟 und der Sierranía de Rona verteilen. Der Ort Grazalema ist eine kleine Oase weißer Häuschen inmitten eines schroffen Kalksteingebirges, nur umgeben von der Stille der friedlichen Natur. Von hier aus kann man auch wunderbar Ausflüge zu den anderen hübschen Orten der Umgebung wie Zahara de la Sierra, El Gastor, Ubrique oder Jimena de Líbar machen. Durch die Nähe zum Atlantik und die Höhe der Berge, die die vom Ozean herziehenden Wolken stoppen, zählt diese Gegend zu den niederschlagreichsten Gebieten Spaniens. Daher erstrahlt sie das ganze Jahr über in saftigem Grün. Hier gibt es auch die letzten Wälder der Pinsapo-Tannen, einer Baumart, die die Jahrtausende seit der letzten Eiszeit überlebt hat.

ESSEN UND TRINKEN

Mesón El Simancón

Lokale Spezialitäten – Das Mesón El Simancón ist der perfekte Ort, um sich mit den lokalen Köstlichkeiten der Sierra verwöhnen zu lassen. Unbedingt probieren sollten Sie den »queso de Payoyo«, einen in der Gegend hergestellten Schafskäse. Empfehlenswert sind auch Gerichte vom Lamm, Wildschwein oder von der Wachtel.

Plaza Asomadero 54 | Tel. 9 56 132 421 | www.mesonelsimancon.com | tgl. 12–16 und 19–23 Uhr, Di geschl. | €–€€

TARIFA 🏴 C6

15 000 Einwohner

Tarifa gehört zu den interessantesten und lebendigsten Orten Andalusiens. Es ist auch der südlichste Zipfel Europas und befindet sich sogar weiter im Süden als Algier oder Tunis. Die Rolle der Stadt als Hafen für die direkte Verbindung nach Tanger hat Tarifa zu einem weltoffenen Ort gemacht, der seit den 60er-Jahren vielen Reisenden auf dem Weg nach Marokko als Zwischenstopp dient. Das Stadtbild ist typisch andalusisch mit arabischen Wurzeln, und über dem Ort thront die Burg, die als Schutz vor den Angriffen der Piraten, welche bis in das 18. Jh. die Küsten attackierten, errichtet wurde. Ein Spaziergang durch die Stadt führt unvermeidlich zur Isla de Tarifa oder Isla de la Palomas, einer kleinen Felseninsel, auf der sich auch der Leuchtturm befindet und die vielen Vögeln als Nistplatz dient. Die Winde der Meerenge von Gibraltar ziehen Surfer aus aller Welt an und machen Tarifa zu einem sehr lebendigen Küstenort.

SEHENSWERTES

Baelo Claudia 🚶

Nur wenige Kilometer von Tarifa entfernt stößt man auf die Ruinen von Baelo Claudia, einer römischen Stadt, in der hauptsächlich Fischkonserven hergestellt wurden, die man in das gesamte Römische Reich exportierte. Die Lage der Ruinen am Strand von Bolonia, einem der schönsten Strände Andalusiens, machen den Besuch zu einem absoluten Muss!

Ensenada de Bolonia s/n | Tel. 9 56 10 67 97 | www.museosdeandalucia.es |

Das weiße Dorf Zahara de la Sierra liegt in der Sierra de Grazalema (▶ S. 72). Die Reste einer maurischen Burg aus dem 12. Jh. überragen auf einem Felsen den Ort.

Wollen Sie's wagen?

Vorsicht vor den Affen! Ein Besuch der britischen Kronkolonie Gibraltar lohnt sich nicht nur wegen der zahlreichen Duty-free-Shops oder der vielen Höhlen, Geheimgänge und Bunker, sondern auch wegen der Affen. Ursprünglich aus den Bergen Marokkos stammend, sind die Makaken von Gibraltar (macaca sylvanus) die einzige frei lebende Affenart Europas. Man muss nur mit der Seilbahn auf den Felsen fahren, dann kann man diese Tiere ganz einfach beobachten. Passen Sie auf Ihre Tasche auf! Diese niedlichen Tiere sind echte Kleptomanen und haben große Zähne!

Di–Sa 9–18, So und Feiertage 9–14 Uhr, Mo geschl. | Eintritt EU-Bürger frei, sonst 1,50 €

ÜBERNACHTEN

Hotel Arte y Vida

Direkt am Strand – Das kleine Hotel Arte y Vida liegt umgeben von einem hübschen Garten direkt am 7 km von Tarifa entfernten Strand Los Lances. Das Haus verfügt über eine eigene Strandbar. Im Surfcenter des Hotels kann man den passenden Kurs für seinen Urlaub buchen.

Carretera N-340, km 79, in Richtung Vejer de la Frontera | Tel. 9 56 68 52 46 | www.hotelartevidatarifa.com | 11 Zimmer | €€€

La Almoraima 🚩

Hübscher Garten und Schwimmbad – Castelar de la Frontera ist ein kleiner Ort mitten im Naturpark Los Alcornocales und nur wenige Kilometer von Gibraltar und den herrliche Stränden des Atlantiks entfernt. Mit der Restaurierung dieses ehemaligen Klosters aus dem 16. Jh. wurde eines der schönsten Hotels Andalusiens in einzigartiger Umgebung geschaffen.

Castellar de la Frontera | Finca la Almoraima | Carretera Algeciras-Ronda, ca. 50 km nordöstl. von Tarifa | Tel. 9 56 69 30 02 | www.laalmoraimahotel.com | 23 Zimmer | ♿ | €€€

ESSEN UND TRINKEN

Restaurante Anca Curro

Fleisch vom Iberischen Schwein – Schon seit 1987 wird das Lokal vom heute 54-jährigen Curro Santos geführt. In der nahe gelegenen Sierra hat er einen eigenen Bauernhof mit einigen gut gehaltenen, glücklichen Schweinen, die sich ausschließlich von Steineicheln ernähren. Er selbst schlachtet noch auf traditionelle Weise und kredenzt die besten Produkte vom Iberischen Schwein.

Calle Moreno de la Mora 5 | Tel. mobil 6 54 85 80 12 | tgl. 20–0 Uhr | €€–€€€

Restaurante Las Rejas 👫

Fangfrischer Fisch mit Aussicht – Dieses Restaurant am Strand von Bolonia ist dank der leckeren Küche in den letzten 30 Jahren zu einer Institution an der Küste geworden und auch bei Einheimischen sehr beliebt. Empfehlenswert sind die Reisgerichte, »croquetas de chocos« (Tintenfischkroketten) und die frischen Fischgerichte des Tages.

Lugar El Lentiscal, 8 | Tel. 9 56 68 85 46 | www.lasrejasrestaurante.com | tgl. 10–19 und 20–0 Uhr | €€–€€€

HUELVA 🔖 A3

147 800 Einwohner

Die Provinz Huelva gehört zu den am wenigsten touristischen Gebieten Andalusiens. Die Stadt Huelva ist kaum mit den anderen großen Städten wie Córdoba oder Sevilla zu vergleichen. Jedoch gibt es um die Stadt herum wunderbare Orte, an denen man die Schönheit der Natur, eine reiche Kultur und die köstliche Küche ganz in Ruhe und entfernt vom Massentourismus genießen kann. Auch das Preisniveau ist hier niedriger als in den touristischen Städten. Nur wenige Kilometer von Huelva entfernt, zwischen den Orten El Portil und Isla Canela, befindet sich einer der am wenigsten besiedelten Küstenabschnitte der Iberischen Halbinsel, wo man noch viele einsame paradiesische Strände finden kann.

SEHENSWERTES

Monasterio de Santa María de la Rábida 👫

Das Kloster in Palos de la Frontera, einem Küstenort in der Nähe Huelvas, spielte eine wichtige Rolle bei der Entdeckung der Neuen Welt. Christoph Kolumbus verbrachte hier die Zeit, in der er seine Reise vorbereitete. Im Hafen von Palos de la Frontera kann man die Nachbauten der drei Karavellen Santa Maria, Niña und Pinta besichtigen, mit denen Kolumbus in See stach. Palos de la Frontera | Paraje Diseminado de la Rabida, s/n | Tel. 9 59 35 04 11 | www.monasteriodelarabida.com | Di–So 10–13 und 16–19 Uhr, Mo geschl., je nach Jahreszeit leichte Änderungen bei den Öffnungszeiten. Bitte beachten Sie die Webseite | Eintritt 6 €, ermäßigt 3 €

Tarifa (▶ S. 73) ist ein lebendiger Küstenort, der gerne von Surfern besucht wird. Die Plaza de Santa Maria in der Altstadt ist ein Treffpunkt für Jung und Alt.

ÜBERNACHTEN

Hotel Fuerte El Rompido

Gutes Strandhotel – Das Hotel Fuerte El Rompido liegt etwa 20 km von Huelva entfernt inmitten eines Naturschutzgebietes und an einem der schönsten Strände Andalusiens. Ideal geeignet zum Ausspannen.

El Rompido, Urb. Marina El Rompido | Carretera H-4111, km 8 | Tel. 9 59 39 99 29 | www.fuertehoteles.com/hotel/fuerte-rompido-cartaya/ | 298 Zimmer | ♿ | €€€

Hotel Isla Canela Golf

Gutes Preis-Leistungs-Verhältnis – Isla Canela ist der letzte Ort vor der portugiesischen Grenze, die hier entlang des Flusses Guadiana verläuft. Außer Golfspielen kann man die herrlichen Strände und das großzügige Schwimmbad genießen. Die Zimmer sind modern und gut ausgestattet.

Ayamonte, Isla Canela | Calle Golf Norte | Tel. 9 59 47 72 63 | www.hotelisla canelagolf.com | 58 Zimmer | ♿ | €€€

ESSEN UND TRINKEN

Bar El Quinto Señora María

Typisches Fischrestaurant – El Terrón ist ein kleiner Fischerort am Fluss Piedras ganz in der Nähe der Strände von El Rompido und dem Ort La Antilla. Die Bar El Quinto Señora María ist einer der besten – und preisgünstigsten – Orte, um fangfrischen Fisch zu essen. Der frittierte Fisch ist berühmt.

Puerto del Terrón s/n | Tel. 9 59 38 09 30 | tgl. 9–16.30 und 20–0 Uhr, im Herbst und Winter nur mittags geöffnet und Mi geschl. | €-€€

Unter den Korkeichen fühlen sich die Iberischen Schweine wohl. In der Sierra de Aracena (▶ S. 77) haben sie Auslauf und finden das gesunde Futter, das den Schinken so köstlich macht.

EINKAUFEN
Taller de Manuel Cejudo ▸ S. 37

Ziel in der Umgebung
◎ **SIERRA DE ARACENA** ⚑ B 2

Dass die wunderhübschen Dörfer der Sierra de Aracena, Cortegana, Cortelazor, Galaroza, Encinasola oder Alájar, nicht so bekannt sind wie die weißen Dörfer der Provinz Cádiz, liegt alleine am touristischen Marketing der Region. Trotz ihrer Schönheit und der schmucken Bergdörfer ist die Sierra von Huelva eines der unbekanntesten Gebiete Andalusiens. Das Zentrum dieser Region ist Aracena, ein malerisches weißes Dorf, das zu Füßen einer Burg liegt und in dessen Brunnen frisches Wasser aus den Bergen sprudelt.
100 km nördl. von Huelva

SEHENSWERTES
Gruta de las Maravillas 🏃

Die Wundergrotte ist eine der spektakulärsten Karstgrotten Andalusiens und wird jährlich von mehr 150 000 Menschen besucht.
Pozo de la Nieve s/n | Tel. mobil 6 63 93 78 77 | www.aracena.es | Mo–So 10–13.13 und 15–18 Uhr | Eintritt 8,50 €, ermäßigt 6,50 €

Castillo de Cortegana 🏃

Das Kastell war einst von großer strategischer Bedeutung für den Schutz und zur Kontrolle der Grenze zum nahen Portugal. Von der Burg aus hat man eine grandiose Aussicht auf die Sierra.
Cortegana | Calle Jesus Nazareno, s/n | Tel. 9 59 13 14 50 | www.turismocortegana.com | tgl. 11–14 und 17–19, im Winter nachmittags 16–18 Uhr, Mo geschl. | Eintritt 1,50 €

Mezquita von Almonaster La Real

Die Moschee von Almonaster La Real ist eines der schönsten Bauwerke Andalusiens und auch eines der wenigen arabischen Gotteshäuser, die auf der Iberischen Halbinsel noch bestehen.
Almonaster la Real | Tel. 9 59 19 30 03 | www.almonasterlareal.es | tgl. 9–20 Uhr | Eintritt frei

ÜBERNACHTEN
Finca la Media Legua 🏃

Im Herzen der Natur – Die Finca liegt 4 km von Aracena entfernt in einer traumhaften Waldlandschaft und bietet den Gästen 12 gemütliche und geschmackvoll eingerichtete Apartments.
Carretera Sevilla-Lisboa (N-433) km 91,2 | Tel. mobil 6 69 49 06 48 | www.fincala medialegua.es | 12 Apartments | ♿ | €€

ESSEN UND TRINKEN
Restaurante Montecruz 🏃

Kulinarischer Tempel – Das Restaurant Montecruz gehört zu den Restaurants, die in den letzten Jahren in Andalusien am meisten prämiert wurden. Empfehlenswert sind die Pilzgerichte, Schinken, Wildgerichte und das Fleisch vom Iberischen Schwein.
San Pedro s/n | Tel. 9 59 12 60 13 | www.restaurantemontecruz.com | tgl. 11–23 Uhr | €€–€€€

Confitería Rufino

Traditionelles Konditorhandwerk – Heute noch werden traditionelle Süßwaren von Hand hergestellt.
Aracena/Calle Constitución 3 | Tel. 9 59 12 81 21 | www.confiteriarufino.com | Mo–Sa 9–14 und 16–20.30, So 10–20.30 Uhr

SEVILLA

Durch ihr besonderes Licht, ihre verwinkelten Gassen,
ihren architektonischen Reichtum, die weltberühmten Sehenswürdig-
keiten und die Lebensfreude der Bewohner, die ihre Stadt »leben«,
birgt Sevilla die Quintessenz aller andalusischen Städte in sich.

Die charmante Hauptstadt Andalusiens, viertgrößte Stadt Spaniens, hat
so viel zu bieten, dass sie ihre Besucher auch nach einem längeren Aufenthalt immer noch überrascht. Außerhalb der Altstadt ist die Stadt architektonisch wenig interessant, da sich hier fast nur die in den 1950er-
und 60er-Jahren erbauten Wohnblocks befinden. Die Altstadt gehört
allerdings zu den größten in Europa, und ihre schmalen und gewunde-
nen Straßen und Gässchen bilden ein ungeheures Labyrinth, durch das
man tagelang streifen kann und jedes Mal etwas Neues entdeckt. Wenn
man einfach losläuft, dann dauert es nicht lange, bis man sich verlaufen
hat. Aber keine Sorge: Selbst die Sevillaner verlaufen sich hier oft, und nur
diejenigen, die in der Altstadt aufgewachsen sind oder schon seit vielen
Jahren hier leben, wissen immer ganz genau, was hinter der nächsten
Ecke auf sie wartet. Bei einem Besuch in der Stadt sollte man einfach

Abendstimmung: Torre del Oro (▶ S. 82),
dahinter die Kathedrale in Sevilla.

Córdoba und Jaén

Costa de la Luz

Sevilla

Granada und Umgebung

Almería und der Osten

Málaga und die Costa del Sol

drauflosgehen und sich überraschen lassen. Der historische Stadtkern umschließt einen einzigartigen monumentalen Reichtum. Einige der Sehenswürdigkeiten stammen aus der Zeit der arabischen Herrschaft in Andalusien, aber vor allem war es Sevillas Rolle als Hafen und somit Tor zur Neuen Welt, die der Stadt einen unglaublichen Reichtum bescherte, der sich immer noch in den prächtigen Gebäuden dieser Zeit widerspiegelt. Sevilla liegt am Fluss Guadalquivir, und der Flusshafen gab der Stadt die nötige Sicherheit vor Piraten und Überfällen, sodass sie zum Knotenpunkt für den Handel mit Übersee wurde und als erste Stadt Europas die neuesten Waren des spanischen Imperiums erhielt. Im 16. und 17. Jh. war Sevilla eine Stadt der Prostituierten, Matrosen und Gauner, die von der Neuen Welt träumten; gleichzeitig wetteiferten hier die Kirche und die reichen Händlerfamilien um die Pracht ihrer Kirchen und Paläste.

LEBENDIGE MUSEUMS- UND GENUSS-STADT

Sevilla ist aber nicht nur eine Museums-Stadt voller barocker und im Mudéjar-Stil erbauter Kirchen, Klöster und Paläste. Sevilla ist vor allem eine lebendige Stadt, an deren Schönheit sich Einwohner und Besucher gemeinsam erfreuen. Täglich um die Mittagszeit, wenn es Zeit für den Aperitif ist, füllen sich die Cafés und Bars mit Menschen jeden Alters. In diesen Momenten gibt es in Sevilla keine Eile, und die Zeit scheint stehen zu bleiben. Am Wochenende ziehen Gruppen von Freunden von Bar zu Bar, und oft bleibt man bis zum Morgengrauen beisammen. Die Altstadt alleine ist facettenreich und umfasst viele verschiedene Stadtviertel. Die Umgebung der Kathedrale, des Real Alcázar und des wunderschönen Barrio Santa Cruz stellen den touristischeren Teil der Stadt dar, der zu der jungen und lebendigen Ausgehmeile La Alameda und dem Viertel La Macarena einen hübschen Kontrast bildet. Auf der anderen Seite des Flusses befindet sich Triana, ein Viertel mit einer eigenen und so starken Identität, dass es im Scherz die Unabhängige Republik Triana genannt wird. Hier gibt es eine große Anzahl an Tavernen, Bars und Restaurants mit einem unbezahlbaren Blick auf den Fluss und die Kathedrale.

⭐ SEVILLA

700 000 Einwohner
Stadtplan ▶ Klappe hinten

SEHENSWERTES

① Casa de Pilatos

Die Casa de Pilatos, mit deren Bau 1533 begonnen wurde, ist eines der ersten andalusischen Renaissancegebäude und beeinflusste maßgeblich die Architektur vieler Paläste der Stadt. Die Fassade, der Eingangsbogen und der wunderschöne Innenhof mit Säulengang erinnern an römische Villen, auch wenn hier verschiedene Mudejár-Elemente dem Palast eine zarte und verspielte Note verleihen. In Inneren befindet sich eine wichtige Kunstsammlung aus dem Besitz der Herzöge von Medinacelli, denen der Palast heute immer noch gehört.

Plaza de Pilatos 1 | Tel. 9 54 22 52 98 | www.fundacionmedinaceli.org | Nov.–März Mo–So 9–18, April–Okt. 9–19 Uhr | Eintritt ganzer Palast 8 €, Erdgeschoss 6 €

Ausblicke und Einblicke 5

Ein langer, aber lohnenswerter Aufstieg auf die Giralda ermöglicht die schönsten Ausblicke über die Dächer der Stadt und eröffnet neue Perspektiven (▶ S. 13).

② Catedral und Giralda

Auch wenn sie als größtes gotisches Gotteshaus der Christenheit betrachtet wird, so ist die Kathedrale von Sevilla in Wirklichkeit eine Sammlung aller Baustile, die man in der Stadt findet. Ein gutes Beispiel ist die Giralda, ein

schlanker Turm von 94 m Höhe und Wahrzeichen Sevillas. Ursprünglich war sie das Minarett der großen Moschee von Sevilla, von der heute immer noch der Innenhof (»Patio de los Naranjos«) besteht. In der Renaissance wurde die Giralda zum Glockenturm umgebaut, den man heute auch besichtigen kann.

Av de la Constitución s/n | Tel. 9 02 09 96 92 | www.catedraldesevilla.es | Sept.–Juni Mo 11–15.30 (16.30–18.30 Besuch mit gratis Audioguide nur mit Reservierung), Di–Sa 11–17, So 14.30–18, Juli–Aug. Mo 9.30–14.30 (16.30–18.30 Besuch mit gratis Audioguide nur mit Reservierung), Di–Sa 9–16, So 14.30–18 Uhr | Eintritt 8 €, ermäßigt 3 €

③ Metropol-Parasol de la Encarnación

Sevilla ist eine sehr konservative Stadt, und das avantgardistische Projekt des deutschen Architekten Jürgen Mayer für die Plaza de la Encarnación im Herzen der Altstadt teilte die Einwohner Sevilla in zwei Lager: die Befürworter des Projekts und die erbitterten Gegner. Nach viel Polemik und enormen Mehrkosten beim Bau hat das Projekt der Plaza de la Encarnación neues Leben eingehaucht. Die moderne Konstruktion, die als eine Art Agora geplant wurde, beherbergt im Erdgeschoss eine Markthalle und eine große Anzahl an Bars. Im Untergeschoss kann man das Museo Antiquarium mit den römischen Überresten besichtigen, die jahrelang die Bauarbeiten auf der Plaza de la Encarnación behinderten, und auf dem Dach des Gebäudes befindet sich eine Tapas-Bar, von der aus man einen tollen Blick auf die Stadt genießt.

Sevilla | Plaza de la Encarnación s/n |
Tel. 9 54 21 72 25 | Markthalle Mo–Sa
morgens, Restaurant auf dem Dach
(www.gastrosol.es) 12–0 Uhr, Museo Anti-
quarium Di–Sa 10–19.30, So 10–15 Uhr |
Fahrstuhl zur Terrasse 1,40 €

Muelle de las Delicias und Muelle de Nueva York 🚩
▶ **Klappe hinten, südl. d 6**

Zu den schönsten Verbesserungen der
Stadt Sevilla zählen der Umbau und die
Öffnung der beiden Molen, die bis vor
Kurzem noch zu dem nicht öffentlich
zugänglichen Gelände des Hafens gehörten. Die schönste Art, einen Spaziergang am Ufer des Guadalquivir abzuschließen, ist ein köstlicher Mojito in
einer der neuen Bars am Rande der
Uferpromenade.
Sevilla | Muelle de las Delicias s/n

4 Plaza de España

Bei der Plaza de España handelt es sich
um das Hauptgebäude und den Haupt-
schauplatz der Iberoamerikanischen
Ausstellung von 1929, einem internationalen Event, für den der Parque María
Luisa neu angelegt wurde und der
Großteil der ihn umgebenden Gebäude entstand. Als großes, offenes Forum
geplant, nimmt die Plaza de España einen Halbkreis von 170 m Durchmesser
ein, der auf beiden Seiten von 80 m hohen Türmen flankiert wird. Sie wird
von einem Kanal mit vier Brücken ein-
gefasst. Die Plaza de España ist das
Hauptwerk des andalusischen Regio-
nalismus, einem in Andalusien in den
ersten zwei Jahrzehnten des 20. Jh. weit
verbreiteten Baustil.
Plaza de España s/n | tgl. 8–22 Uhr |
Eintritt frei

Die Plaza de España (▶ S. 81) in Sevilla ist nicht nur ein riesiger Platz, sondern ein Gebäude, das im Halbkreis um den Platz herum angelegt wurde und diesen dadurch bildet.

5 Real Alcázar

Neben der Kathedrale befindet sich der Alcázar, ein Palastkomplex, der seit dem Baubeginn im 9. Jh. ständig erweitert und den Bedürfnissen der verschiedenen Könige und Herrscher, die ihn bewohnten, angepasst wurde. Der Real Alcázar ist das Meisterwerk des Mudéjar-Stils, eines Bau- und Kunststils, der arabische und christliche Kunst miteinander vereint.

Patio de Banderas s/n | Tel. 9 54 50 23 24 | www.alcazarsevilla.org | Okt.–März Mo–So 9.30–17, April–Sept. Mo–So 9.30–19 Uhr, 1. Jan., 6. Jan., Karfreitag und 25. Dez. geschl. | Eintritt 8,75 €, ermäßigt 2 €, Mo letzte Stunde vor Schließung frei

6 Real Fabrica de Tabacos de Sevilla

Im 18. Jh. aus Stein erbaut, war die königliche Tabakfabrik von Sevilla die erste Tabakfabrik der Stadt und das zweitgrößte Gebäude Spaniens nach dem El Escorial. Hervorzuheben sind die Fassade und die Innenhöfe, in denen es schon klassizistische Elemente zu entdecken gibt. Die größte Bekanntheit erlangte das Gebäude aber durch Prosper Mérimée, der von ihm inspiriert wurde, um seine Geschichte über die Arbeiterin Carmen zu schreiben, die später von Georges Bizet vertont wurde. Heute ist die Tabakfabrik der Sitz des Rektorats der Universität von Sevilla und verschiedener Fakultäten.

Calle San Fernando 4 | Mo–Fr während der Vorlesungen | Eintritt frei

7 Torre del Oro

Auch wenn es sich im Vergleich mit den anderen Sehenswürdigkeiten der Stadt um ein bescheideneres Bauwerk handelt, ist die Torre del Oro (goldener Turm) doch eines der Wahrzeichen der Stadt. Der arabische Wachturm, der zwischen 1220 und 1221 errichtet wurde, stellte das letzte Glied in einem Mauersystem dar, das den Hafen mit dem Alcázar verband. Der Name stammt von den goldenen Fliesen, die den Turm einst bedeckten, und nicht etwa, wie viele glauben, von dem Gold aus Amerika, das hier gelagert worden sein soll. Heute beherbergt der Turm das Seefahrtsmuseum von Sevilla. Es gehört zur Marine und zeigt alte Landkarten, Urkunden und nautische Gerätschaften.

Paseo de Cristobal Colón s/n | Tel. 9 54 22 24 19 | Di–Fr 10–14 Uhr, Mo geschl. | Eintritt 2 €, ermäßigt 1 €

MUSEEN UND GALERIEN

8 Centro Andaluz de Arte Contemporaneo (CAAC)

Dieses Museum für moderne Kunst ist eines der interessantesten der ganzen Stadt. Aufgrund seiner Sammlung und der Lage im ehemaligen Kloster Santa María de las Cuevas, einem herrlichen Gebäude aus dem 15. Jh., das auch eine Porzellanmanufaktur beherbergte, ist das CAAC unbedingt einen Besuch wert. Das Museum liegt 1,5 km vom Stadtzentrum entfernt auf der anderen Flussseite auf der Isla de la Cartuja, die auch der Schauplatz der Expo 1992 war und heute eines der Geschäftsviertel der Stadt ist. Es ist mit den Buslinien C-1 und C-2 zu erreichen.

Av Américo Vespucio 2 | Tel. 9 55 03 70 70 | www.caac.es | Di–Sa 11–21, So 11–15 Uhr, Mo geschl. | Eintritt 1,80 € Kloster und wechselnde Ausstellung, kompletter Besuch 3 €

Die Räume und die Kapelle von Karl V. im Alcazar von Sevilla (▶ S. 82) sind mit wunderbaren Wandteppichen und farbenprächtigen Fliesen aus dem 16. Jh. geschmückt.

9 Centro de Arte Mudéjar

Der Mudéjar-Stil, ein Baustil, bei dem christliche Baumeister auf Stilelemente und Bauweisen der arabischen Eroberer zurückgriffen, ist eines der interessantesten Identitätsmerkmale des andalusischen Kulturerbes. In Sevilla gibt es jetzt ein neues Museum über den Mudéjar-Stil, das in einem Renaissancepalast untergebracht ist, der schon alleine den Besuch wert ist.

Sevilla | Palacio de los Marqueses de la Algaba | Plaza Calderón de la Barca s/n | Tel. 9 55 47 14 22 | Mo–Fr 10–14 und 17–21, Sa 10–14 Uhr | Eintritt frei

Museo Arqueológico

▶ Klappe hinten, südl. d 6

Die beste Art, sich mit der Geschichte Andalusiens vertraut zu machen, ist ein Besuch im archäologischen Museum, wo man besonders die Räume, die der römischen Kunst gewidmet sind, hervorheben muss. Die Hauptanziehung dieses Museums geht aber vom Schatz von Carambólo aus, der größte zusammengehörige Goldfund aus der Bronzezeit und wichtigstes Zeugnis von Tartessos, der Zivilisation, die das Delta des Guadalquivir in biblischen Zeiten bewohnte.

Plaza de América s/n | Tel. 9 55 12 06 32 | Di 14.30–20.30, Mi–Sa 9–20.30, So 9–14.30 Uhr, Mo geschl. | Eintritt für EU-Bürger frei, sonst 1,50 €

⑩ Museo del Baile Flamenco

Dieses Museum, das erst 2006 eingeweiht wurde und sich in einem Sevillaner Stadtpalast aus dem 18. Jh. befindet, bringt den Besuchern anhand neuester Technologie und auf interaktive Art und Weise die Kunst des Flamenco näher. Jeden Abend nach Schließung findet hier ein Flamencokonzert statt, teilweise mit bekannten Künstlern aus Sevilla. Es gibt auch die Möglichkeit, in der angeschlossenen Schule einen Kurs zu buchen.

Calle de Manuel Rojas Marcos 3 | Tel. 9 54 34 03 11 | www.museoflamenco.com | tgl. 10–19, Konzert 19–20 Uhr | Eintritt Museum 10 €, Konzert 20 €

⑪ Museo de Bellas Artes

Das Museo de Bellas Artes von Sevilla ist die zweitgrößte Pinakothek Spaniens nach dem Prado. Es befindet sich in einem ehemaligen Kloster aus dem 17. Jh. und besticht durch die enorme Sammlung barocker Malerei aus Sevilla, einer Schule, aus der besonders der Maler Murillo hervorzuheben ist. Das Museum birgt wichtige Meisterwerke der spanischen Kunst wie zum Beispiel Gemälde von El Greco, Diego Velázquez und José Ribera.

Plaza del Museo 9 | Tel. 9 54 78 65 00 | www.museodebellasartesdesevilla.es | 16. Sept.–31. Mai Di–Sa 10–20.30, So und Feiertage 10–17, 1. Juni–15. Sept. Di–Sa 9–15.30, So und Feiertage 10–17, Mo geschl. | Eintritt für EU-Bürger frei, sonst 1,50 €

ÜBERNACHTEN

⑫ Alcoba del Rey de Sevilla

Ein Traum aus 1001 Nacht – Das Alcoba del Rey ist ein kleines Boutique-Hotel im Stadtteil Macarena, einem Viertel, in das der Massentourismus noch nicht vorgedrungen ist und das nur wenige Gehminuten von der Vergnügungsmeile Alameda entfernt ist. Das Haus ist im arabischen Stil mit marokkanischen Möbeln, Fliesen, Kupferwannen und wunderschönen Spiegeln eingerichtet.

Calle Bécquer 9 | Tel. 9 54 91 58 00 | www.alcobadelrey.com | 15 Zimmer | €€€

⑬ Apartamento Suites Santa Cruz 👥

Unabhängigkeit und Komfort – Die charmanten, kleinen Apartments sind über verschiedene Häuser im traumhaften Barrio de Santa Cruz verteilt. Die Einrichtung ist einfach, aber geschmackvoll, und alle Apartments sind mit einer eigenen Küche ausgestattet.

Calle Pimienta 4 | Tel. 9 54 22 73 88 | www.apartamentossantacruz.com | 27 Apartments | ♿ | €€€

⑭ Corral del Rey

Elegant und ruhig – Das Haus stammt aus dem 17. Jh. und beherbergt heute ein kleines, luxuriöses Hotel. Die eleganten Zimmer wurden erst vor Kurzem renoviert und sind im historischen Stil des Hauses eingerichtet. Der wunderschöne Innenhof mit Marmorsäulen sticht sofort ins Auge, und auf der herrlichen Dachterrasse mit traumhaftem Ausblick befindet sich auch ein kleines Schwimmbad zur Erfrischung an heißen Tagen.

Corral del Rey 12 | Tel. 9 54 22 71 16 | www.corraldelrey.com | 6 Zimmer | ♿ | €€€€

15 El Rey Moro Hotel

Im Herzen der Altstadt – Dieses Hotel liegt mitten im Herzen des Barrio Santa Cruz und nur wenige Meter von der Kathedrale entfernt. Das Haus aus dem 16. Jh. verfügt über einen wunderschönen Patio voller Blumen, der schon alleine einen Besuch wert ist. Das familiäre Hotel bietet seinen Gästen ein gemütliches Ambiente, Restaurant und Bars. Unterschiedlich große, schön eingerichtete Zimmer.

Lope de Rueda 14 | Tel. 9 54 56 34 68 | www.elreymoro.com | 16 Zimmer | ♿ | €€€

16 Hotel Alfonso XIII ▶ S. 24

17 Hotel Casa 1800

Beste Lage – Das Hotel befindet sich direkt bei der Kathedrale in einem der lebendigsten Teile Sevilla, aber beim Eintreten wird alles ruhig. Das Haus wurde aufwendig restauriert und ist mit Antiquitäten und Designermöbeln eingerichtet. Für besondere Anlässe bietet sich die schöne Suite mit privatem Whirlpool und Blick auf die Giralda an.

Calle Rodrigo Caro 6 | Tel. 9 54 56 18 00 | www.hotelcasa1800.com | 23 Zimmer | ♿ | €€€€

ESSEN UND TRINKEN
RESTAURANTS

18 Abantal

Haute Cuisine – Das moderne Restaurant am Rande der Altstadt ist seit einigen Jahren im Besitz eines Michelin-

Das Museo de Bellas Artes (▶ S. 84) in Sevilla ist bekannt für seine barocken Kunstwerke, hier die Skulptur Santo Domingo des Spaniers Francisco y Alcaraz (1707–1783).

In der beliebten Bar Eslava (▶ S. 87) geht es lebhaft zu. Hier muss man unbedingt auf der Tapas-Tour durch Sevilla Halt machen und die neuesten Kreationen probieren.

Sternes und bietet zeitgenössische andalusische Küche, die man unbedingt probieren sollte. Man legt großen Wert auf den individuellen Geschmack der Speisen. Hier kann man à la carte essen oder eines der verschiedenen Menüs mit passenden Weinen, die aber nur tischweise serviert werden, bestellen. Ein wahres Genusserlebnis!

Calle Alcade José de la Bandera 7–9 | Tel. 9 54 54 00 00 | www.abantalrestaurante.es | Di–Sa 14–16 und 20.30–22.30 Uhr | €€€€

⑲ Casa Morales ▶ S. 28

La Montería (Casa Joaquín Márquez de Sevilla) 🏃🍴 ▶ **Klappe hinten, südl. e 6**

Traditionelle Hausmannskost – Wenn auch nicht direkt im Zentrum gelegen, so befindet sich das Restaurant ganz in der Nähe des Parque María Luísa im schmucken Viertel El Porvenir. Das Restaurant La Montería ist sicherlich einer der besten Orte, um die traditionellen Eintöpfe und Gerichte Andalusiens zu probieren, die hier mit frischen Zutaten zubereitet werden. Lassen Sie sich am besten von den Kellnern beraten und Sie werden es nicht bereuen. Reservierung empfohlen.

Calle Felipe II 8 | Tel. 9 54 24 12 29 | Di–Sa 13.30–16.45 und 21–23.45, So 13.30–16.45 Uhr, Mo geschl. | €€

BARS

20 Bar Eslava

Die besten Tapas von Sevilla – Die Bar Eslava ist immer voll, darum sollte man schon sehr zeitig dorthin gehen. Am besten schon um 19 Uhr, wenn die Sevillaner noch zu Hause sind. Die Tapas sind einfach die besten, und die Küche bietet sowohl ganz traditionelle Gerichte als auch moderne Kompositionen. Ein Klassiker in Sevilla! Empfehlenswert sind ebenfalls das dazugehörige Restaurant und die neu eröffneten Apartments neben der Bar.
Calle Eslava 3 | Tel. 9 54 90 65 68 | www.espacioeslava.com/en | tgl. 12–1 Uhr | €€€

21 Bodega Santa Cruz-Las Columnas 🚹🎗

Um die Nacht zu beginnen – Dies ist eine der Stehbars, die bei den Sevillanern so beliebt sind. Bestellen Sie sich ein Bier und ein »montadito« (kleines belegtes Brötchen) an der Bar und gehen Sie hinaus in den Säulengang, um die Aussicht auf die Kathedrale zu genießen. Immer voll, aber unabdingbar in den Sevillaner Nächten.
Calle de Rodrigo Caro 1 | Tel. 9 54 21 32 46 | tgl. 11.30–0 Uhr | €

22 Café-Bar Las Teresas 🚹🎗

Das echte Sevilla – Die Atmosphäre der im Herzen des Barrio de Santa Cruz gelegenen Bar Las Teresas versetzt die Gäste zurück in das Sevilla zu Beginn des 20. Jh. Hier werden gute Weine und leckere Tapas serviert, die

zwar etwas teurer sind, aber der reinsten Tapastradition der Stadt entsprechen. Jamón Serrano von besonders hoher Qualität!
Calle Santa Teresa 2 | Tel. 9 54 21 30 69 | Mo–Fr 9–0, Sa 10–2, So 11–0 Uhr | €€

23 Taberna Casa Ricardo

Semana-Santa-Stimmung – Casa Ricardo ist eine der Tavernen, die sich voll und ganz der Semana Santa verschrieben haben. Der perfekte Ort für einen Sherry und eine kleine Tapa (empfehlenswert sind die »croquetas de jamón« –Schinkenkroketten), während man die bunten Wände mit der religiösen Dekoration betrachtet. In Sevilla gibt es wenige so authentische Orte.
Hernan Cortes 2 | Tel. 9 54 38 97 51 | www.casaricardosevilla.com | tgl.12.30–16.30 und 19.45–0 Uhr | €€

24 Taberna La Cava de Europa

Tapas mit Seele – Die Speisekarte dieser angenehmen Bar bietet exquisite und liebevoll angerichtete Tapas zu noch moderaten Preisen zwischen 3 € und 6 €. Auf dem Gehsteig gibt es auch einige Tische, und normalerweise ist es nicht schwer, einen Platz zu bekommen. Ideal für ein leichtes Mittag- oder Abendessen, bei dem mehr Wert auf Qualität als auf Quantität gelegt wird.
Puerta de la Carne 6 | Tel. 9 54 53 16 52 | tgl. 8–1 Uhr | €€

25 Taberna La Plazuela 🚹🎗

Mitten in Triana – Ein Besuch dieser Taverne ist der beste Abschluss für einen Spaziergang durch das historische Viertel Triana. Die schöne Terrasse liegt im Schatten von Orangenbäumen und man kann gute Tapas zu guten Preisen genießen, während man den Blick auf die hübsche Kirche Santa Ana, die sogenannte Kathedrale von Triana, genießt.

Plazuela de Santa Ana 6 | Tel. 9 54 27 04 71 | Mo–Sa 9–17 und 20–0.30 Uhr | €€

EINKAUFEN

DELIKATESSEN/LEBENSMITTEL

26 La Alacena de San Eloy

Falls Sevilla am Ende Ihrer Route durch Andalusien liegt, sollten Sie unbedingt im Feinkostladen La Alacena de San Eloy vorbeigehen und ein paar kulinarische Souvernirs einkaufen. Einige der Produkte sind wahre Köstlichkeiten und einfach zu transportieren wie zum Beispiel die Bonito-Konserven, »carne de membrillo« (Quitten-

fleisch, köstlich zu Käse!) oder der frisch geschnittene und eingeschweißte iberische Schinken. Der Laden gehört auch zu den schönsten Geschäften in Sevilla, und man kann hier sogar ein Häppchen essen.

Calle San Eloy 31 | Tel. 9 54 21 55 80 | www.laalacenatienda.com | tgl. 11–17 und 20–0 Uhr

27 Mercado de Abastos de Triana

Die Markthalle von Triana befindet sich in privilegierter Lage genau neben der wunderschönen Brücke aus dem 19. Jh., über die man dieses traditionelle Stadtviertel erreicht, und auf den Überresten des Castillos de San Jorge, das einst als Sitz der spanischen Inquisition diente. Heute gibt es auf dem Markt ein buntes Treiben, man kann die lokalen Erzeugnisse begutachten,

Gemüse, Obst und alles, was man sonst so braucht, gibt es auf dem Mercado de Triana (▶ S. 88) in Sevilla. Hier trifft man sich auch zum Frühstück oder auf einen Kaffee.

und wenn man etwas Spanisch kann, kann man mit den Verkäufern und ihren Kunden ein Schwätzchen halten.

Plaza del Altozano s/n | Tel. 9 54 62 31 51 | Mo–Sa morgens

HÜTE

28 Sombrerería Maquedano

Während der heißen Sommermonate kann es sich lohnen, einen Abstecher in das traditionelle Hutgeschäft Sombrería Maquedano zu machen. Das Geschäft gibt es schon seit 1896, und es befindet sich seit 1906 im gleichen Geschäft in der Calle Sierpes. Hier werden Damen- und Herrenhüte verkauft, aber allein schon der historische Laden ist einen Besuch wert.

Calle Sierpes 40 | Tel. 9 54 56 47 71 | www.maquedano.com | Mo–Fr 10–13.30 und 17–20.30, Sa 10–13.30

KUNSTHANDWERK

29 Juan Foronda ▸ S. 36

30 Mercado de Artesanías del Postigo

Die Warenbörse von El Postigo ist eine ehemalige Markthalle, die seit 1974 nicht mehr genutzt wurde. Eine Gruppe von Kunsthandwerkern schlug den Stadtverantwortlichen vor, den Ort in einen Markt für Kunsthandwerk zu verwandeln, und so verkaufen seit 1985 Töpfer, Lederwarenhersteller und Gold- und Silberschmiede hier ihre Erzeugnisse. Eine kürzliche Renovierung hat den Ort noch weiter verschönert, und so ist er heute einer der schönsten Plätze Sevillas für einen kleinen Einkaufsbummel oder einen Spaziergang.

Calle Arfe s/n | Tel. 9 54 56 00 13 | Mo–Sa 10–14 und 16–20 Uhr

31 Zadi

Zadi ist ein kleines Geschäft für Kunsthandwerk in der Einkaufsstraße Calle Sierpes, in dem man zwei besonders sevillanische Produkte kaufen kann: zum einen die Fächer (»abanico«), mit denen man nicht nur die Hitze vertreibt, sondern mit bestimmten Gesten und Bewegungen auch eine eigene Sprache sprechen kann, und zum anderen das berühmte Sevillaner Porzellan der Manufaktur Pickmann, die sich früher im nahe gelegenen Kloster La Cartuja befand und die auch heute noch feinstes Porzellan herstellt.

Calle Sierpes 48 | Tel. 9 54 22 85 91 | Mo–Sa 10–13.30 und 17–20.30 Uhr

MODE

32 Isadora

Wenn man den großen Kaufhausketten, die wie in jeder großen Stadt die Hauptstraßen füllen, entkommen möchte, sollte man am besten einen Blick in die labyrinthischen Seitenstraßen werfen, die von der Calle Sierpes (der Haupteinkaufsstraße Sevillas) abgehen. Eines der Lädchen, die man dort findet, ist Isadora, ein geschmackvoll eingerichtetes Geschäft mit Mode für die jüngere Dame und einer wunderbaren Auswahl an handgemachten Kämmen und anderem Kopfschmuck.

Calle Pérez Galdós 1 | Tel. 9 54 22 27 50 | isadoratienda.blogspot.com | Mo–Sa 10.30–14 und 17–20 Uhr

33 Luchi Cabrera

Wie in der Haute Couture gibt es auch in der Flamencomode Stardesigner, deren Kleider und Accessoires von den Sevillanerinnen, die sich für die Feria de Abril einkleiden, sehr geschätzt wer-

Wollen Sie's wagen?

36 *Das Blut Jesu. Würden Sie sich in einer Kirche, umgeben von Marien- und Heiligenstatuen, einen Schwips antrinken? Würden Sie sich ein paar Stunden in einem Lokal vergnügen, dessen Hauscocktail »sangre de cristo« (Blut Jesu) heißt? Nun ja, die Bar Garlochi ist keine Kirche, aber die Atmosphäre und die Einrichtung erinnern doch sehr stark an eine. Schon seit Jahren hat die Bar Garlochi sich als eine der repräsentativsten Semana-Santa-Bars Sevillas gehalten. Die Bar befindet sich im Stadtzentrum, gleich hinter der Plaza de la Alfafa. Öffnungszeiten sind leider nicht bekannt, aber es ist auf jeden Fall ratsam, erst spät ab 23 Uhr dorthin zu gehen. Trauen Sie sich einfach hinein!*
Plaza Boteros 26

---

den. Eine der beliebtesten Designerinnen ist Luchi Cabrera, die im Zentrum Sevillas schon zwei eigene Geschäfte eröffnet hat.
Calle Cerrajería 18 | Tel. 9 54 18 30 25 | www.luchicabrera.com | Mo–Sa 10–14 und 17.30–20.30 Uhr

34 **Victorio y Lucchino** ▸ S. 37

MUSIK

35 **Compás Sur**
Compás Sur ist ein kleines Musikgeschäft, das sich auf Flamenco spezialisiert hat. Hier findet man alles, was irgendwie mit der Flamenco-Kultur zu tun hat: Instrumene, Noten, DVDs zum Tanzenlernen, Postkarten, Filme,

Poster und vor allem natürlich CDs. Erhältlich sind auch Sammelstücke wie alte Schallplatten oder Fotografien.
Cuesta del Rosario 7-E | Tel. 9 54 21 56 62 | Mo–Sa 10.30–14.30 und 17.30–21 Uhr

KULTUR UND UNTERHALTUNG
37 **La Anselma**
Das Unglaubliche an dieser Flamenco-Bar ist, dass sich noch nicht Hunderte von Touristen dort tummeln und der Ort noch nichts von seiner Magie verloren hat. Dies liegt wahrscheinlich zum größten Teil an der Besitzerin Anselma, einer einzigartigen Frau, die auch einmal selbst singt und eine sehr treue Stammkundschaft hat. Flamenco live und tolle Stimmung!
Calle Pagés del Corro 49 | Tel. 9 54 21 28 89 | Mo–Sa 23.30–ca. 3 Uhr, So geschl.

38 **La Carbonería**
La Carbonería ist eine der bekanntesten Bars Sevillas, die sehr viel Platz, gute Stimmung und eine geschmackvolle Einrichtung bietet. Außerdem finden jeden Abend ab 22 Uhr Flamenco- oder auch Jazzkonzerte statt. Leider hat sich dies herumgesprochen, sodass die Carbonería mittlerweile immer recht voll ist. Ein Besuch lohnt sich aber trotzdem.
Calle Levíes 18 | Tel. 9 54 21 44 60 | www.levies18.com | tgl. 10–3 Uhr

39 **Panoramabar La Terraza**
Wegen des direkten Blicks auf die Giralda und die Kathedrale ist diese Bar auf der Dachterrasse eines 5-Sterne-Hotels sicherlich einer der schönsten Plätze der Stadt für einen Cocktail. Die Preise sind etwas hoch, aber der Blick

ist unbezahlbar, und der DJ sorgt für eine entspannte Stimmung.

Hotel EME Catedral | Calle Alemanes 27 | Tel. 9 54 56 00 00 | Frühling und Sommer 20.30–0 Uhr

40 Plaza del Salvador

Wenn das Wetter es zulässt, gehört es zu den Traditionen der Sevillaner, »la marcha« (das Fest, die Party) mit einem Getränk auf der Plaza de El Salvador zu beginnen. An guten Tagen kommen schon mittags Hunderte von Personen zusammen und verleihen dem schönen Platz einen ganz besonderen Charme und sorgen für ausgelassene Stimmung.

◷ Bei gutem Wetter ist ab 20 Uhr Leben auf dem Platz, Fr, Sa und So füllt sich der Platz bereits gegen 13 Uhr.
Plaza del Salvador

41 Teatro de la Maestranza

Don Juan, Der Barbier von Sevilla, Carmen … viele der großen Geschichten der Oper haben ihren Ursprung in Sevilla, welches immer noch einen starken Bezug zur klassischen Musik hat. Das Teatro de la Maestranza bietet ein erstklassiges Programm mit Opern, Konzerten und Ballett. Das 1992 errichtete Teatro gehört zu den drei großen Opernhäusern Spaniens.

Paseo de Cristóbal Colón 22 | Tel. 9 54 22 33 44 | www.teatrodelamaestranza.es

SERVICE
AUSKUNFT
Fremdenverkehrsbüro

▶ Klappe hinten, d 5

Plaza del Triunfo 1 | Tel. 9 54 50 10 01 | www.turismosevilla.org | Mo–Fr 9–19.30, Sa, So und Feiertage 9.30–19.30 Uhr

Die Tänzer des lettischen Nationalballetts bei der Generalprobe des klassischen Balletts »Giselle« im Teatro de la Maestranza (▶ S. 91) in Sevilla, Januar 2013.

CÓRDOBA UND JAÉN

Der Fluss Guadalquivir unterteilt die Region: Im Norden liegt die Sierra Morena, eine Gebirgskette, die von Ost nach West die Grenze zum Rest Spaniens zieht, und weiter im Süden die hügelige Landschaft des Flusstals, die sich bis zur Sierra Subbética erstreckt.

Die Provinzen Córdoba und Jaén befinden sich in einer großflächigen Zone, die von Bergen und Olivenwäldern geprägt ist. Ihr Rückgrat bildet der Fluss Guadalquivir, der in dem östlichsten Gebirge Andalusiens, den Sierras de Cazorla, Segura y Las Villas, entspringt. Córdoba und Jaén sind zwei Schwesterprovinzen, die sich in ihrem Landschaftsbild und im Wesen ihrer Bewohner stark ähneln und deren Schönheit mit Olivenhainen, sich an Hänge schmiegenden weißen Dörfern und den grünen Flecken der Sierra bei den Reisenden, nachdem sie die weite Leere von La Mancha durchquert haben, für eine wunderbare Überraschung sorgt. Es gibt jedoch auch Unterschiede zwischen ihnen. Während Córdoba schon immer aufgrund seiner Geschichte und Kultur der Anziehungspunkt der gesamten Provinz war, wurde der Stadt Jaén nie eine solch große Bedeutung beigemessen, da die Anziehung für Reisende und Bewohner der

◀ Die Gärten des Alcazar (▶ S. 94) in
Córdoba verzaubern jeden Besucher.

Córdoba und Jaén

Costa de la Luz

Sevilla

Granada und Umgebung

Almería und der Osten

Málaga und die Costa del Sol

Provinz von anderen Städten wie Baeza und Úbeda oder Linares ausging, die teilweise sogar eine höhere Einwohnerzahl verzeichnen konnten. Das Fehlen eines großen historischen Stadtzentrums hatte zur Folge, dass Jaén bei Routen durch Andalusien immer etwas außen vor gelassen wurde und dass sein außergewöhnlicher monumentaler Reichtum von Kirchen, Konventen und Palästen eigentlich erst in den letzten Jahrzehnten bekannt wurde.

CÓRDOBA

🌿 E 2

340 000 Einwohner
Stadtplan ▶ S. 95

Historisch betrachtet ist Córdoba sicher die wichtigste Stadt Andalusiens und wahrscheinlich auch Spaniens. Wie auch Rom, Jerusalem oder Konstantinopel war Córdoba eines der größten politischen und religiösen Zentren des Mittelalters, und der Name der Stadt genießt immer noch ein hohes Prestige in islamischen Ländern. Jedes Jahr zieht es viele Tausend Reisende hierher, um die alte Medina von Córdoba zu besuchen, dieses enge, weiße Straßenlabyrinth, das einst die bevölkerungsreichste und einflussreichste Stadt der Welt war. Unter Abd ar-Rahman III. (929–961), als der Glanz von al-Ándalus und des Kalifats von Córdoba seinen Höhepunkt erreichte, zählte die Stadt 500 000 Einwohner, 70 Bibliotheken, 27 Schulen für die Kinder der Armen und eine Schule der Weisen und arabischer, christlicher und jüdischer Übersetzer (unter ihnen die wichtigen Persönlichkeiten Averroës und Maimonides), deren Einfluss es zu verdanken ist, dass Europa die philosophischen Schriften des antiken Griechenlands wiederentdeckte und die ersten Grundsteine für das Zeitalter der Renaissance gelegt wurden. Juden, Moslems und Christen lebten hier überwiegend friedlich miteinander. Nach Jahrhunderten des Verfalls und des Vergessens, hervorgerufen durch die christliche Eroberung, ist Córdoba heute eine helle und fröhliche Stadt mit einem zauberhaften historischen Stadtkern, in dem immer noch die Spuren der drei Kulturen, die hier einst in Frieden zusammenlebten, deutlich zu erkennen sind. Der älteste Stadtteil ist die Judería, das Judenviertel, das die Wichtigkeit und das Ansehen der jüdischen Gemeinde in Córdoba bezeugt. Die Straßen der Judería ziehen sich von der Mezquita bis zur alten Stadtmauer, und in ihnen findet man so wunderschöne Ecken wie der Callejón del Agua, die Puerta de Almodóvar oder den ehemaligen »zoco« oder Marktplatz. Ein Spaziergang führt zur römischen Brücke, die im 1. Jh. nach Christus erbaut wurde.

SEHENSWERTES

① Alcázar de los Reyes Cristianos 👫👤

Der Alcázar de los Reyes Cristianos stammt aus dem Jahr 1328 und diente den Katholischen Königen Isabel und Fernando als Residenz. Jahrhunderte lang war er auch der Sitz der Spanischen Inquisition in Córdoba. Alleine ein Spaziergang durch die im arabischen Stil angelegten Gärten, in denen Mosaike aus der Zeit des römischen Kaisers Augustus zu bestaunen sind, ist Grund genug für einen Besuch.

Plaza Campo Santo de los Mártires s/n | Tel. 9 57 42 01 51 | www.alcazardelos reyescristianos.cordoba.es | Mo–So 8.30–18.30 Uhr | Eintritt 6,80 €, Mo–Fr von 08.30–10.30 Uhr frei

Medina Azahara 🏳️ E2

Die Ruinen der Palaststadt Medina Azahara sind das Symbol für den Niedergang von al-Ándalus. Der Bau begann zwischen 936 und 940 auf Befehl des Kalifen Abd ar-Rahman III. Die Stadt erreichte einen solchen Glanz, dass sie von den Historikern auch gerne das Versailles des Mittelalters genannt wird. Wenig später, im Jahr 1010, während des Bürgerkriegs, der al-Ándalus für immer teilen und zerstören sollte, wurde die Stadt zerstört. Über viele Jahrhunderte war sie vergessen und von der Vegetation der Sierra von Córdoba überwuchert, bis 1910 die ersten Ausgrabungen begannen.

Die Medina Azahara befindet sich 8 km von Córdoba entfernt. Unter www. turismodecordoba.org kann man Busfahrpläne einsehen.
Carretera de Palma del Río, Km 5,5 | Tel. 9 57 10 49 33 | www.museosdeandalucia.

es | Sept.–März Di–Sa 9–18.30, So und Feiertage 10–17, April–Mai Di–Sa 9–20, So und Feiertage 10–17, Juni–Sept. Di–Sa 9–15.30, So und Feiertage 10–17 Uhr, Mo geschl. | Eintritt für EU-Bürger frei, sonst 1,50 € |

③ Mezquita-Catedral

Mit dem Bau der großen Moschee Córdobas wurde im Jahr 784 begonnen. Die im Laufe der Jahre folgenden Erweiterungen machten aus ihr die zweitgrößte Moschee der Welt, die in der Größe nur von der Mekkas übertroffen wurde. Architektonisch betrachtet ist die Mezquita ein atemberaubender Säulenwald, in dem auch römische Einflüsse zu erkennen sind. Viele der Säulen und Kapitelle stammen aus früheren römischen Gebäuden, und die Bögen und abwechselnden Farben erinnern an römische Aquädukte. Nach der christlichen Eroberung im Jahr 1236 wurde die Moschee zur katholischen Kathedrale, und 1523 begann man mit dem Bau einer Basilika.

Calle del Cardenal Herrero 1 | Tel. 9 57 47 05 12 | www.catedraldecordoba.es | März–Okt. Mo–Fr 10–19, So und Feiertage 8.30–11.30 und 15–19, Nov.–Feb. Mo–Sa 10–18, So und Feiertage 8.30–11.30 und 15–18 Uhr | Eintritt 8 €, Kinder 10–14 Jahre 4 €, Kinder unter 10 Jahren frei, Mo–Sa 8.30–9.30 Eintritt frei

② Synagoge

Die Synagoge Córdobas aus dem Jahr 1315 ist ein Gebäude von bescheidener Größe. Jedoch ist sie von großer symbolischer Wichtigkeit, da es die einzige historische Synagoge in Andalusien ist. Lange Zeit wurde sie als Krankenhaus, Kapelle oder Schule genutzt, bis gegen

Córdoba

Estación
Av. de América
Pretorio
b
Torre de la
Malmuerta
Av. de las Ollerías
c

1
Av. de Rivas
Diputación
Pl. de Colón
Marroquíe
Moriscos
Costanillas
1

Jardines Diego de
Av. de Cervantes
Av. de los Mozárabes
Reyes Católicos
C. del Osario
C. de Ronda de los Tejares
José Cruz Conde
Conde Torres Cabrera
Pl. San Miguel
Santa Marina
Pl. Ruiz de Alda
Cristo de los Faroles
Pl. del Rincón
Sta. Isabel
Enrique Redel
Palacio de Viana
San Agustín
Santa María de Gracia

2
Avenida República Argentina
Medina Azahara
Paseo de la Victoria
San Hipólito
Góngora
Gran Capitán
Conde de Gondomar
Concepción
E. Dato
11
13
Alfonso XIII
Ambrosio Morales
Pl. Claudio Marcelo
Pl. Tendillas
San Pablo
Ayuntamiento
Tundidores
Pedro López
Pl. de la Corredera
San Andrés
Museo de Joyería Regina
La Palma
Realejo
Muñices
Alfonso XII
2

14
Lope de Hoces
12
16
Augustín Moreno

Museo Arqueológico y Etnográfico
3
Pl. J. Páez
San Francisco
Museo de Julio Romero de Torres
San Fernando
Mucho Trigo
8

3
Puerta de Almodóvar
6
7
Judería
Almanzor
Reyes
Heredia
Magistral González
San Fran.
C. de Lineros
Paseo de la Ribera
Museo de Bellas Artes
Posada del Potro
3

Synagoge
2
10
9
Calle Cardenal Herrero
Pl. de Maimónides
15
Campo Sto. de los Mártires
5
Amador de los Ríos
Mezquita
Tornillos
Ronda de Isasa
Guadalquivir
Puerta del Puente
Puente Romano
Río
Puente de Miraflores
4

Aeropuerto
Av. del Conde de Vallellano
Av. de Vallellano
1
Alcázar de los Reyes Cristianos
Torre de la Calahorra
Santa Cruz
Av. del Campo de la Verdad
N
4

Av. del Corregido
Av. del Alcázar
Museo Etnobotanico
a
Av. de la Confederación
17
b
Av. de Cádiz
Plaza Sta. Teresa
0   300 m
© MERIAN-Kartographie

Ende des 19. Jh. Überreste hebräischer Inschriften entdeckt wurden.

Calle Judíos 20 | Tel. 9 57 20 29 28 | Sommer tgl. 9.30–14.45, Rest des Jahres 9.30–14 und 15.30–17.30 Uhr | Eintritt für EU-Bürger frei, sonst 0,30 €

MUSEEN UND GALERIEN

③ Museo Arqueológico y Etnográfico

Neben römischer und arabischer Kunst ist die große Sammlung iberischer Skulpturen hervorzuheben, die aus der

Erfrischend und belebend: Eiskaffee

Eiskaffee auf andalusisch ist kalorienärmer als in Mitteleuropa. Das Speiseeis wird durch Eiswürfel ersetzt, so ist der Kaffee erfrischend, aber nicht sättigend. Zugreifen (▶ S. 14)!

Zeit vor der römischen Kolonisierung stammen. Eines der berühmtesten Werke ist das Hirschkalb von Medina Azahara.

Plaza de Jerónimo Páez 7 | Tel. 9 57 35 55 17 | Di–So 10–14 und 17–19 Uhr, Mo geschl. | Eintritt für EU-Bürger frei, sonst 1,50 €

4 Museo Julio Romero de Torres

Julio Romero de Torres (1874–1930) war zu Lebzeiten der bekannteste Maler Spaniens. Seine Frauenporträts strahlen Zauber und Erotik aus. Sein Geburtshaus ist heute ein sehr schönes Museum, in dem seine wichtigsten Werke untergebracht sind.

Plaza del Potro s/n | Tel. 9 57 47 03 56 | www.museojulioromero.cordoba.es | 16. Okt.–30. Apr. Di–Sa 10–14 und 16.30–18.30, Juni und 1.–15. Sept. Di–Sa 10–14 und 17.30–19.30, Juli, Aug., So und Feiertage 8–14.30 Uhr, Mo geschl. | Eintritt 4,50 €

ÜBERNACHTEN

5 Casas de la Judería ▶ S. 24

6 Hospedería de los Baños Árabes

Mit Zugang zu den Bädern – Die Hospedería de los Baños Árabes liegt nur fünf Minuten von der Mezquita ent-

fernt und ist im gleichen Gebäude wie die arabischen Bäder untergebracht, die man während des Aufenthaltes kostenlos nutzen kann.

Calle Almanzor 18 | Tel. 9 57 29 58 55 | www.bañosarabesdecordoba.com | 7 Zimmer | ♿ | €€€

7 Hospedería La Atalia

Herrliche Dachterrasse – Im Jahr 2010 eröffnet, ist die Hospedería La Atalia ein hübsches Boutique-Hotel mit nur 18 Zimmern, die alle liebevoll eingerichtet sind. Von der Dachterrasse genießt man einen herrlichen Ausblick auf die Mezquita und die pittoreske Altstadt Córdobas.

Calle Buen Pastor 19 | Tel. 9 57 49 66 59 | www.hospederialatalia.com | 18 Zimmer | ♿ | €€€€

8 Hotel Viento 10

Architektonisches Meisterstück – Kein anderes Hotel in Córdoba bietet eine so ausgewogene Mischung aus Modernität und traditioneller Architektur. Das kleine, aber feine Wellnessangebot mit Sauna, Whirlpool und Massagen sorgt für Entspannung. Eine Unterkunft der besonderen Art.

Ronquillo Briceño 10 | Tel. 9 57 76 49 60 | www.hotelviento10.es | 7 Zimmer | ♿ | €€€

ESSEN UND TRINKEN

RESTAURANTS

Arrocería Casa Pepe Sanchís 🚩

▶ S. 95, westl. a 4

Viele Stammgäste – Sie schwärmen seit Jahren davon, dass es in der Casa Pepe Sanchís in Montoro die besten Paellas und Reisgerichte Andalusiens gibt. Jetzt auch in Córdoba!

Córdoba | Calle Naranjal de Almagro 12 |
Tel. 9 57 41 22 95 und mobil 6 10 02 10 92 |
www.arroceriacasapepesanchis.es |
Di–Fr 8–0, Sa 11–0, So 10–16.30 Uhr, Mo
geschl. | €€€

9 El Caballo Rojo ▸ S. 29

10 Restaurante El Churrasco 👫

Eine Institution – Das Restaurant El
Churrasco ist eine Institution in Córdoba. Besondere Anlässe werden fast
immer hier gefeiert. Die Spezialität
und das beliebteste Gericht ist der
»churrasco« – ein Fleischspieß, der
über offenem Feuer gegrillt wird. Auch
die Tortilla gehört zu den besten Andalusiens. Reservierung empfohlen.
Calle del Romero 16 | Tel. 9 57 29 08 19 |
www.elchurrasco.com | tgl. 13–16 und
20–0 Uhr, Aug. geschl. | €€€

11 Taberna La Montillana 👫

Exquisite Tapas – Der gute Ruf, die
Qualität und der gute Service machen
La Montillana zu einer der besten Ta-
pas-Adressen des Stadt. Empfehlenswert sind die Fleischgerichte vom Iberischen Schwein (auf der Karte
»lagartillo ibérico«) und die Weine der
Provinz. Sehr gutes Preis-Leistungs-
Verhältnis.
Calle San Álvaro 5 | Tel. 9 57 47 95 18 |
www.tabernalamontillana.es | 12–1 Uhr,
So abends geschl. | €€

12 Taberna Salinas 👫

Cordobeser Stammtisch – Die über
100 Jahre alte Taberna Salinas ist eines
der charmantesten Lokale Córdobas,
einer Stadt, die einst für die literari-
schen Stammtische in ihren Bars und
Tavernen bekannt war. Die Speisekarte

Was sich heute als riesige Kathedrale präsentiert, war einst die zweitgrößte Moschee der Welt.
Córdobas Mezquita-Catedral (▶ S. 94) beeindruckt vor allem durch ihren Säulenwald.

ist traditionell mit typischen Gerichten wie Eintöpfen, kalten Suppen und frittiertem Gemüse aus der Region.

Calle Tundidores 3 | Tel. 9 57 48 01 35 | www.tabernasalinas.com | Mo–Sa 13.30–16 und 20–23.30 Uhr, So geschl. | €€

13 Taberna San Miguel »Casa el Pisto«

Traditionelle Taverne – Die Taberna San Miguel ist die traditionellste und älteste Taverne der Stadt und der Lieblingsort der Cordobeser, um einen »vino amontillado«, eine Art Sherry, der in der Provinz Córdoba hergestellt wird, zu trinken. Es empfiehlt sich früh zu kommen und »flamenquín« (panierte Schweinefleischroulade), »salmorejo« (dicke Suppe) und »pisto con huevos fritos« (Gemüse mit Spiegeleiern) zu probieren. Die Dekoration ist dem berühmten Stierkämpfer und beliebten Lokalhelden Manolete (1917–1947) gewidmet.

Plaza de San Miguel 1 | Tel. 9 57 47 83 28 | www.casaelpisto.com | Mo–Sa 12–16 und 20–0 Uhr, So geschl. | €€

EINKAUFEN

KUNSTHANDWERK

14 Mercado Victoria

Die Jardines de la Victoria im Zentrum Córdobas waren einst Schauplatz der »feria« (Messe) der Stadt. Aus dieser Zeit besteht noch ein hübscher Stahlpavillon aus dem 19. Jh., der in einen kleinen Markt mit schmucken Geschäften und Bars umgebaut wurde, in denen man das beste gastronomische Angebot der Stadt findet.

Córdoba | Paseo de La Victoria s/n | Tel. mobil 6 08 72 12 40 | www.mercadovictoria.com | Mo–Do 10–0, Fr, Sa 10–2 Uhr

15 Zoco de Artesanos

Der Zoco (nicht zu verwechseln mit dem gleichnamigen Einkaufscenter) ist ein Kunsthandwerksmarkt in der Judería nahe der Synagoge, der in einem restaurierten Mudéjar-Palast untergebracht ist. An diesem wunderschönen Ort kann man den Kunsthandwerkern bei der Arbeit zuschauen, einkaufen und in dem herrlichen Patio eine Pause einlegen.

Calle Judíos, s/n | Tel. 9 57 20 40 33 | www.artesaniadecordoba.com | tgl. 10–20 Uhr

KULTUR UND UNTERHALTUNG

16 Plaza de la Corredera

Die Corredera ist ein prächtiger und bunter Platz, umrahmt von gleichartigen Gebäuden mit Säulengängen. Er stammt aus dem 17. Jh. Heute befinden sich hier viele Bars und kleine Läden, wodurch der Platz bei den Cordobesern besonders am Abend beliebt ist. Ideal für einen Cocktail.

17 Sojo Cafe Ribera

Auch wenn die Stadt dem Fluss eigentlich immer den Rücken zukehrte, kam durch Baumaßnahmen wie die neue Fußgängerpromenade am Ufer des Guadalquivir einiges Leben in diesen Teil der Stadt, der sich zu einer schönen Ausgehzone gewandelt hat. Die Café- und Cocktail-Bar befindet auf einer Dachterrasse und ist der beste Ort, um an warmen Sommertagen eine frische Brise zu spüren. Am Wochenende herrscht hier Partystimmung bis in den Morgen.

Plaza del Rastro s/n | Tel. 9 57 49 21 92 | www.cafesojo.es | Mo–So 9–3, Fr und Sa bis 4 Uhr

SERVICE

AUSKUNFT

Fremdenverkehrsamt   ▶ S. 95, b 4

Calle Torrijos 10 | Tel. 9 57 35 51 79 |
http://www.andalucia.org | Mo–Fr
9–19.30 Uhr, Wochenende und Feiertage
9.30–15 Uhr

Ziele in der Umgebung

◎ CASTILLO DE ALMODÓVAR

 E 3

Die Burg von Almodóvar liegt auf einem Felsen über dem Fluss und diente einst der Beobachtung und dem Schutz des Weges nach Córdoba. Ihr heutiges Aussehen geht auf das 19. Jh. zurück, als ihr damaliger Besitzer, der Graf von Torralba, ein Vermögen ausgab, um der Burg ihr romantisches Flair zu verleihen. Die Legende sagt, dass hier der Geist von Zaida, der Gemahlin eines der Könige Córdobas, umherstreift.

24 km westl. von Córdoba
Castillo de Almodóvar | Tel. 9 57 63
40 55 | www.castillodealmodovar.com |
Jan.–Dez. 11–14.30 und 16–19, Sa, So und
Feiertage 11–19. April–Okt. 11–14.30 und
16–22, Sa, So und Feiertage 11–22 Uhr.
Bei Veranstaltungen können die Öffnungszeiten variieren. Bitte online prüfen | Eintritt 6,50 €, Kinder über 3 Jahre
4 €

◎ MONTORO   F 2

9800 Einwohner

Montoro ist einer der schönsten Orte am Guadalquivir. Am besten lässt man das Auto am anderen Ufer stehen und geht zu Fuß über die historische Brücke aus dem Jahr 1498, um durch die labyrinthischen Gassen der auf einem Hügel erbauten Stadt zu spazieren. Es gibt einige Höhenunterschiede zu überwinden, aber der Anblick der prächtigen Fassade der Kirche San Bartolomé ist die Mühe wert.

46 km östl. von Córdoba

ESSEN UND TRINKEN

Restaurante Casa Patricio

Traditionelle Gerichte – Es lohnt sich, von Montoro in den nahen Ort Bujalance zu fahren und im Restaurant Casa Patricio zu essen. Fleisch und Fisch sind von sehr guter Qualität. Nach dem Essen bietet sich ein Spaziergang zur Kirche an, wo man die Glockentürme der Kirche, wahre Schätze des lokalen Barocks, bewundern kann.

Calle Doctor Fleming 64 | Bujalance |
Tel. 9 57 17 01 42 | www.restaurantecasa
patricio.es | Mo–Sa 7.30–21.45, So 8.30–
18 Uhr | €–€€

PRIEGO DE CÓRDOBA F 3

23 500 Einwohner

Die Hauptstadt der Sierra Subbética ist neben Córdoba eine der schönsten Städte der Provinz. In ihrem Stadtbild sind zwei sehr unterschiedliche Seiten zu entdecken. Zum einen ist Priego de Córdoba ein typisches weißes Dorf mit arabischen Wurzeln, und die Straßen des alten Stadtkerns Barrio de la Vila führen durch ein Labyrinth von weiß getünchten, mit Geranien dekorierten Mauern hin zum Aussichtspunkt Balcón del Adarve. Auf der anderen Seite ist Priego de Córdoba auch als Hauptstadt des cordobesischen Barocks bekannt, da ein Großteil der Kirchen in diesem Stil erbaut oder dekoriert wurde. Nicht nur wegen der Schönheit der Stadt lohnt es sich, hier eine Übernachtung einzubauen; auch das wunderbare

Naturerbe der Sierra Subbética mit ihren kleinen weißen Dörfern machen den Aufenthalt zu einem Erlebnis.

ÜBERNACHTEN

Casa Olea

Erholung in der Natur – Der komplett renovierte andalusische »cortijo« (Bauernhof) befindet sich in einem schmalen Tal und ist umgeben von den Bergen der Sierra. Hier kann man unbeschwert die Natur genießen und sich von Tim und Claire, den englischen Besitzern, verwöhnen lassen.

Carretera CO-7204 (Zamoranos to Fuente Alhama), 12 km von Priego de Córdoba entfernt | Tel. mobil 6 96 74 82 09 | www.casaolea.com | 6 Zimmer | €€€

ESSEN UND TRINKEN

Restaurante-Asador La Muralla

Köstliche Grillgerichte – Außer an den traditionellsten und beliebtesten Gerichten der andalusischen Küche kann man sich im Restaurant Asador La Muralla an Fleischgerichten erfreuen, die über Olivenholz gegrillt werden.

Calle Abad Palomino 18 | Tel. 9 57 70 18 56 | www.asadorlamuralla.com | Mi–Mo 12.30–0 Uhr, Di geschl. | €€

Ziele in der Umgebung

◎ BAENA ⚑ F 3

Bei einem Besuch der Sierra Subbética lohnt sich ein Abstecher nach Baena, das eine hübsche Altstadt hat.

30 km nordwestl. von Priego de Córdoba

SEHENSWERTES

Torreparedones

Vor den Toren der Stadt Baena liegt die die hochinteressante archäologische Ausgrabungsstätte Torreparadones, wo

bei kürzlichen Ausgrabungen eine spektakuläre römische Stadt entdeckt wurde. Bei den Ausgrabungen wurden 56 Statuetten gefunden, die wohl Votivgaben waren. Das Heiligtum wurde wahrscheinlich im 1. Jh. aufgegeben. Von hier aus genießt man majestätische Ausblicke auf die Ebene des Guadalquivir.

Baena | Parque Arqueológico de Torreparedones | Carretera A-3125 (15 km von Baena entfernt) | Tel. 9 57 67 17 57 | www.baenacultura.es | Di–So 10–14 Uhr | Eintritt 2 €

◎ ZUHEROS ⚑ F 3

800 Einwohner

Die Landstraße, die von Priego nach dem kleinen weißen Ort Zuheros führt, durchquert die Sierra mit ihren reizvollen Berglandschaften und Olivenfeldern. Am besten lässt man das Auto auf dem Parkplatz am Ortseingang und geht zu Fuß durch die schönen und gepflegten Straßen des Dorfes, wo es immer wieder hübsche Plätze zu entdecken gibt. Gleich neben der Kirche erhebt sich ein großer Felsen, auf dem die Araber eine der malerischsten Burgen Andalusiens errichteten.

27 km nordwestl. von Priego de Córdoba

ESSEN UND TRINKEN

Meson Atalaya

Fleisch und Käse aus der Sierra – Das Mesón Atalaya ist ein fantastischer Ort, um den in Zuheros hergestellten Ziegenkäse zu probieren, der in ganz Spanien bekannt und berühmt ist. Auf der Speisekarte findet sich auch ein reichhaltiges Angebot von regionalen Fleischgerichten.

Calle Santo 58 | Tel. 9 57 69 45 28 | €€

JAÉN

F 3

116 000 Einwohner

Aufgrund ihrer vielen Sehenswürdigkeiten und der wunderbaren Landschaft, die die Stadt umgibt, ist die Hauptstadt der gleichnamigen Provinz auf jeden Fall einen Besuch wert. Hinter der Kathedrale erstreckt sich das Gassengewirr der am wenigsten bekannten arabischen Medina Andalusiens. Hier hört Jaén auf, eine moderne Stadt zu sein, und kehrt zu seinen Ursprüngen zurück: einer genügsamen Ansammlung von weißen Häusern, die sich bis zu den Mauern der Burg an den Hang schmiegen und zwischen denen es eine erstaunliche Anzahl an Konventen, Kirchen und Stadtpalästen zu entdecken gibt. In den Gassen herrscht ein authentisches und familiäres Flair, wo Familien und Freunde vor ihren Haustüren ein Schwätzchen halten. Von vielen Ecken und Gässchen bieten sich überraschende Ausblicke auf die Kathedrale, die Burg und die Berge, die die Stadt umranden.

SEHENSWERTES

Catedral

Die Kathedrale von Jaén ist eines der schönsten Bauwerke der spanischen Renaissance. Vom Meister Andrés de Vandelvira entworfen, einem Architekten, der sich auch in Úbeda und Baeza verewigt hat, besticht das Innere der Kathedrale durch Schlichtheit und klassische Formgebung.

Plaza de Santa María, s/n | Tel. 9 53 23 42 33 | www.catedraldejaen.org | Mo–Fr 10–14 und 17–20, Sa 10–14 und 17–19, So 10–12 Uhr | Eintritt 5 €, Rentner 2 €, Kinder unter 16 Jahren 1,50 €

Jaéns (▶ S. 101) Altstadt, die Medina, erinnert heute noch stark an arabische Zeiten. Steile Gässchen und labyrinthartige Wege eröffnen immer wieder tolle Ausblicke.

Palacio de Villadompardo – Baños del Niño 👫

Der Bau dieses Renaissancepalastes auf den alten arabischen Bädern trug dazu bei, die Bäder fast in ihrem Originalzustand zu erhalten. Die arabischen Bäder in Jaén sind die größten der ganzen Iberischen Halbinsel und wurden erst 1913 wiederentdeckt. Die Restaurationsarbeiten wurden erst 1984 abgeschlossen.

Plaza Santa Luisa de Marillac s/n. | Tel. 9 53 24 80 68 | Di–Sa 9–14 und 16–20, So 9–14 Uhr, Mo und Feiertage geschl. | Eintritt frei

MUSEEN UND GALERIEN

Museo de Jaén

Die Provinz Jaén ist eines der wichtigsten Zentren der iberischen Kultur. Die Iberer waren ein Volksstamm, der in der Zeit vor der römischen Eroberung das Territorium vom Tal des Guadalquivir bis hin zur Mittelmeerküste der Levante bewohnte. Im Museum der Stadt Jaén sind verschiedene Stücke zu bewundern, die von einem der wichtigsten iberischen Funde auf dem Cerillo Blanco (5. Jh. v. Chr.) im Dorf Porcuna stammen und die das bislang wichtigste künstlerische Zeugnis dieses Volkes darstellen.

Paseo de la Estación 27 | Tel. mobil 6 00 14 34 52 | www.museosdeandalucia.es | Di 14.30–20.30, Mo–Sa 9–20.30, So 9–14.30 Uhr, Mo geschl. | Eintritt für EU-Bürger frei, sonst 1,50 €

ESSEN UND TRINKEN

Taberna Pilar del Arrabalejo 👫

Sephardische Tradition – Bei der Taberna Pilar del Arrabalejo handelt es sich um eines der ältesten Lokale der Stadt. Auf der Speisekarte stehen lauter traditionelle Gerichte.

Calle Millán de Priego 49 | Tel. 9 53 24 07 81 | Mo–So 12–17 und 20–0 Uhr, Mi geschl. | €€

Ziel in der Umgebung

◎ ALCALÁ LA REAL 🏴 F3

23 000 Einwohner

Alcalá la Real befindet sich auf der Strecke zwischen Granada und Córdoba und ist der ideale Ort für einen Zwischenstopp auf der Route. Das kleine Städtchen birgt viele Überraschungen. Die Burg Fortaleza de la Mota und die Überbleibsel des mittelalterlichen Stadtkerns gehören zu den schönsten und unbekanntesten Sehenswürdigkeiten Andalusiens. Außerdem ist Alcalá la Real ein sehr junger und lebendiger Ort mit hübschen Straßen zum Flanieren und einem interessanten kulturellen Angebot, das am dritten Juni-Wochenende beim Festival Etnosur seinen Höhepunkt erreicht.

70 km südl. von Jaén

SEHENSWERTES

Fortaleza de la Mota 👫

Bis zum 18. Jh., als die Bewohner die Burg verließen, um sich auf den flachen Grundstücken vor dem Hang niederzulassen, war die Fortaleza de la Mota der Mittelpunkt von Alcalá la Real. Heute ist sie eine kleine, charmante »Alhambra«, in deren Renaissancekirche es schaurige Grabmäler zu betrachten gibt.

Fortaleza de la Mota | Tel. 9 53 10 27 17 | www.museoalcalalareal.com | 15. Okt.–31. März 10–17.30, Sa bis 18, 1. April–14. Okt. 10.30–19.30 Uhr | Eintritt 6 €, ermäßigt 3 €

ÚBEDA UND BAEZA

G 2

Úbeda und Baeza sind das Herz und das Zentrum der Renaissance der Provinz Jaén. Auch wenn es schon immer eine gewisse Rivalität zwischen beiden Städte gab, sind sie nicht nur durch ihre Nähe zueinander verbunden, sondern auch durch ihre Geschichte und ihren monumentalen Charakter. Die gemeinsame Erklärung zum Weltkulturerbe durch die UNESCO schweißte die Städte endgültig zusammen, und heute kann man nicht die eine nennen, ohne an die andere zu denken. Viele Jahrhunderte lang fragten sich die Reisenden, die in diese abgelegene Gegend Andalusiens kamen, was der Grund für dieses monumentale Baufieber war. Und in der Tat gibt es zwei Ursachen. Im Falle von Úbeda lässt sich der Glanz der Stadt auf die engen Bande und geschäftlichen Beziehungen, die Francisco de los Cobos, der persönliche Sekretär Kaisers Karl V., mit seiner Geburtsstadt unterhielt, zurückführen. In Baeza war es die Macht und der Reichtum des Klerus, die der Stadt ihr reiches Kulturerbe schenkten. Nach jenen Jahren der Blütezeit folgte eine lange Zeit des Niedergangs, die bis in das 20. Jh. andauern sollte. Einer der größten spanischen Dichter, Antonio Machado (geb. in Sevilla 1875, gest. in Colliure, Frankreich, 1934), lebte von 1912 bis 1919 in Baeza, und in seinen Werken finden sich viele Verweise auf Baeza, das er mehr als kastilische denn andalusische Provinzstadt voller Analphabeten ohne Interesse an Geist und Kultur beschreibt. Natürlich hat sich dies in beiden Städten geändert. In den letzten Jahrzehnten widmeten sich Úbeda und Baeza der Restauration ihres Kulturerbes, und heute sind es zwei junge, lebendige Städte, die Reisende aus aller Welt herzlich willkommen heißen. Durch ihre Straßen zu spazieren gehört zu den schönsten Erlebnissen, die Andalusien zu bieten hat.

Erholsame Auszeit 7

Kirchen sind nicht nur sehenswerte Gebäude mit beeindruckender Ausstattung, sie sind auch geeignet für eine ruhige Auszeit in der Mittagshitze (▸ S. 14).

SEHENSWERTES

Catedral – Baeza

Die Kathedrale Natividad de Nuestra Señora de Baeza ist ein Gebäude von enormen Ausmaßen, dessen Bau sich vom 11. Jh. bis zum Ende des 15. Jh. hinzog. Der älteste Teil befindet sich im Eingangsbereich unterhalb des Glockenturms, dessen unterer Körper einst Teil des Minaretts der ehemaligen Moschee war.

Plaza de Santa María | Tel. 9 53 74 41 57 | Mo–Fr 10–14 und 16–19 Uhr, im Winter bis 18, Sa 10–19, So 10–18 Uhr | Eintritt 4 €, Rentner 2,50 €, Behinderte und Kinder bis 16 Jahre 1,50 €

Hospital de Santiago – Úbeda

Das beeindruckende Hospital de Santiago war eines der großen Projekte des Baumeisters Andrés de Vandelvira, der auch die Iglesia del Salvador in Úbeda und die Kathedralen von Baeza und Jaén entwarf. Das Hospital wird auch als der »El Escorial« Andalusiens bezeichnet und besticht durch die strenge

Fassade, den herrlichen Patio und die monumentale Kapelle.

Calle Cristo Rey, s/n | Tel. 9 53 75 08 42 | tgl. 9–14 und 18–21 Uhr, Juli, Aug. Sa und So geschl. An Feiertagen andere Öffnungszeiten möglich | Eintritt frei

Iglesia del Salvador – Úbeda

Die Kirche befindet sich auf der Plaza Vázquez de Molina, dem Platz mit der höchsten Dichte an Monumenten in ganz Andalusien. Die wunderschöne Kirche, die von Andrés de Vandelvira entworfen und von Francisco de los Cobos bezahlt wurde, ist ein Meisterwerk der andalusischen Renaissance.

Plaza Vázquez de Molina | Tel. mobil 6 09 27 99 05 | www.fundacionmedinaceli.org/monumentos/capilla/ | Mo–Sa 9–14 und 16–18, So und Feiertage 9.30–14 und 16–19 Uhr | Eintritt 5 €

Palacio de Jabalquinto – Baeza

Der Palacio de Jabalquinto ist das Wahrzeichen der Stadt und mit Sicherheit das schönste Gebäude des andalusischen Plateresk. Hervorzuheben sind der vortrefflich gestaltete Eingangsbereich und der Renaissancepatio. Heute ist der Palast der Hauptsitz der Universidad Internacional de Andalucía.

Cuesta de San Felipe Neri | Tel. 9 53 74 27 75 | Mo–Fr 9–14 Uhr, Sa, So und Feiertage geschl. | Eintritt frei

---

Sehenswerte Patios **8**

Patios, die andalusischen Innenhöfe, sind das kleine Geheimnis vieler Häuser. Seien Sie neugierig und schauen Sie hinein, wenn eine Tür offen steht (▸ S. 14).

Sinagoga del Agua – Úbeda

Während Bauarbeiten an einem Privathaus im historischen Zentrum der Renaissancestadt Úbeda haben die Arbeiter eine Reihe von Gewölben im Untergrund des Hauses entdeckt, die zu einer mittelalterlichen Synagoge gehören. Kurioserweise handelt es sich dabei um einen der wenigen hebräischen Tempel, in dem noch die Mikwe, das traditionelle Tauchbad zur rituellen Reinigung, erhalten ist. Daher kommt übrigens auch der Name Sinagoga del Agua (Synagoge des Wassers).

Úbeda | Calle Roque Rojas, an der Ecke zu Calle Las Parras | Tel. 9 53 75 81 50 | www.sinagogadelagua.com | Mo–So 10–14 und 17–19.30 Uhr | Eintritt 4 €

ÜBERNACHTEN

Hotel Palacio de la Rambla – Úbeda

Schlafen im Palast – Dieses schöne Hotel steht dem Parador von Úbeda kaum nach und ist ebenfalls in einem Renaissancepalast untergebracht. Der Patio wurde vom Baumeister Andrés de Vandelvira entworfen.

Plaza del Marqués 1 | Tel. 9 53 75 01 96 | www.palaciodelarambla.com | 8 Zimmer | €€€€

Parador de Úbeda ▸ S. 25

Hotel Puerta de la Luna – Baeza

Geschmackvolle Atmosphäre – Der charmante Palast aus dem 16. Jh. diente einst der Familie Dávila als Residenz, einer der einflussreichsten Adelsfamilien Andalusiens seit der christlichen Eroberung.

Calle del Canónigo Melgarés Raya 7 | Tel. 9 53 74 70 19 | www.hotelpuertadela luna.com | 44 Zimmer | ♿ | €€€

Úbeda hat viele schöne und prächtige Gebäude wie die Iglesia del Salvador (▶ S. 104) zu bieten. Nicht umsonst wurde die Stadt gemeinsam mit Baeza zum Weltkulturerbe erklärt.

ESSEN UND TRINKEN

Arcediano – Baeza 👥

Ein Klassiker in Baeza – Das Arcediano ist eine der beliebtesten Bars der Stadt. Hier gibt es einfache und traditionelle, eher rustikale Gerichte ohne Schnickschnack, aber mit viel Geschmack. Bemerkenswert sind die großen Portionen und das exzellente Preis-Leistungs-Verhältnis. Mit jedem Getränk wird eine kleine Tapa serviert, sodass die Bar auch zum Aperitif am frühen Abend ideal ist.

Calle Barbacanas 4 | Tel. 9 53 74 81 84 | Di–So 13–16 und 20–0 Uhr | €–€€

Restaurante-Tapería Antique – Úbeda 👥

Ein traditionelles Original – Die Tapería Antique ist eines dieser Lokale, die zur Entwicklung der Tapa beitragen und diese auch in die gehobene Küche einführen. Empfehlenswert: »paté de perdiz« (Rebhuhnpastete), »raviolis de rabo de toro« (Ravioli mit Ochsenschwanzfüllung) und die Gerichte vom Iberischen Schwein. Zentral in der historischen Altstadt gelegen.

Calle Real 25 | Tel. 9 53 75 76 18 | www.restauranteantique.es | Di–So 12–0 Uhr, Mo geschl. | €€€

EINKAUFEN
Alfareria Tito ▸ S. 36

Ziel in der Umgebung

◎ **SIERRAS DE CAZORLA, SEGURA Y LAS VILLAS** 🏅 ⚓ H 2/3

Neben Doñana und der Sierra Nevada sind die Berge im Osten der Provinz Jaén das schönste Naturgebiet Andalusiens. Es handelt sich hierbei um ein ausgedehntes Territorium mit einer Fläche von mehr als 214 000 ha, das zum Naturpark deklariert wurde und somit das größte Naturschutzgebiet Spaniens und das zweitgrößte Europas ist. Hier entspringen der Guadalquivir, der wichtigste Fluss Andalusiens. In den abgelegeneren Berggebieten finden sich wahre botanische Seltenheiten, die mehrere Jahrhunderte alt sind. So wachsen auf dem Gipfel des Pico Cabañas noch tausend Jahre alte Kiefern. Für Naturliebhaber sind die Sierras de Cazorla, Segura y Las Villas eine einzigartige Erfahrung. Nirgendwo auf der Iberischen Halbinsel findet man eine solch reichhaltige Tierwelt. Wenn man im Morgengrauen oder in der Dämmerung auf den schmalen Straßen unterwegs ist, trifft man immer wieder auf Rehe, Hirsche, Bergziegen, Mufflons oder Wildschweine. Am Himmel sieht man die Geier und Königsadler kreisen, und oft kann man auch die schon fast ausgestorbenen Gänsegeier entdecken, die hier vor Kurzem wieder ausgewildert wurden. Es empfiehlt sich langsam zu fahren und die Reise durch die Sierra mit einem vollen Tank zu beginnen.

Wenn Sie das Gebiet näher kennenlernen möchten, sollten Sie einen Guide

Der im Nordosten der Provinz Jaén gelegene Naturpark Sierras de Cazorla, Segura y Las Villas (▸ S. 106) ist berühmt für seine riesigen Wälder aus Schwarzkiefern und Steineichen.

nehmen, da Schnee oder der plötzliche Einbruch der Dunkelheit gefährlich werden können. Der Naturpark umschließt 23 Gemeinden und eine größere Anzahl an kleinen Dörfern und Weilern. Unbedingt besucht werden sollten Cazorla und La Iruela im Süden sowie Segura de la Sierra und Hornos de Segura im Norden an der Stirnseite des Tranco-Stausees.

60 km östl. von Baeza

SEHENSWERTES

Cerrada de Elías und Río Borosa

Der Río Borosa ist einer der Hauptzuflüsse des Guadalquivir und hat in den letzten Kilometern seines Laufes eine herrliche Landschaft aus Schluchten, Wasserfällen und Becken mit kristallklarem Wasser geformt. Es ist bestimmt einer der schönsten und spektakulärsten Wanderwege Andalusiens. Am Kilometer 48,8 der Landstraße A319, zwischen Cazorla und Segura, befindet sich das Interpretationszentrum Torre del Vinagre. Von hier geht rechts ein Weg ab, der an der Forellenzucht vorbei und direkt zur Cerrada de Elías führt.

Santuario de Tíscar und Cueva del Agua 👫

Auch wenn er einige Kilometer von Cazorla entfernt liegt, lohnt sich ein Abstecher zum Ort Tíscar, der für seine Kapelle und die Cueva del Agua (wörtl. Wasserhöhle) bekannt ist. Im Volksmund wird die Cueva del Agua auch als Cueva de la Maravillas (Wunderhöhle) bezeichnet. Um zur Höhle zu gelangen, muss man einen 10 m langen und nur 1 m hohen Tunnel durchqueren. Der Eintritt ist frei.

MUSEEN UND GALERIEN

Museo Zabaleta

Die Farbenfreude und Zartheit der Bilder von Rafael Zabaleta (1906–1960) machen ihn zu einem der originellsten spanischen Künstler des 20. Jh. Nach einem kurzen Aufenthalt in Paris entschloss sich Zabaleta, in seinen Heimatort Quesada zurückzukehren, der heute ein außergewöhnliches Museum mit den schönsten Werken Zabaletas beherbergt.

Plaza Cesáreo Rodríguez-Aguilera 5 | Tel. 9 53 73 42 60 | http://museozabaleta. blogspot.de | Mo–Sa 10–14 und 17–19, So 16–10 Uhr | Eintritt 6 €, ermäßigt 3 €

ÜBERNACHTEN

Hotel Rural Coto del Valle 👫

Ideal zum Erkunden des Parks – Das Landhotel liegt im Inneren des Naturparkes im Tal des Guadalquivir und ist der ideale Ausgangspunkt für Wanderungen und Ausflüge.

Carretera del Tranco km 34,3 | Tel. 9 53 12 40 67 | www.cotodelvalle.com | 38 Zimmer | ♿ | €€€

ESSEN UND TRINKEN

Leandro Mesón-Asador 👫

Frisch von der Jagd – Auch wenn es in den Sierras de Cazorla, Segura y Las Villas viele gute Restaurants gibt, ist das Leandro der beste Ort, um die kulinarischen Schätze der Gegend zu entdecken. Empfehlenswert sind Wildgerichte wie »ciervo« (Hirsch) oder »jabalí« (Wildschwein).

Calle La Hoz 3E | Tel. 9 53 72 06 32 | www.mesonleandro.com | Okt.–Mai 13.30–16 und 20–22.30, Juni–Sept. 13.30–16 und 21.30–0 Uhr, Mi geschl. | €€–€€€

Im Fokus
Die Gesichter von Bélmez

Bélmez de la Moraleda ist einer der bekanntesten Orte Spaniens.
Seinen Bekanntheitsgrad hat der Ort durch ein Phänomen erreicht,
das seit über 40 Jahren Forscher aus ganz Spanien beschäftigt und
das als das wichtigste paranormale Phänomen des 20. Jh. gilt.

Bélmez de la Moraleda ist ein so kleiner und zwischen Bergen versteckter Ort, dass er außerhalb seines eigenen Landkreises völlig unbekannt war. Der Ort liegt in der Sierra Mágina, einer schroffen Landschaft, die jahrhundertelang von der Außenwelt abgeschnitten war und wohin man nur über ein schmales und kurviges Sträßchen zwischen Olivenbäumen und Pinien gelangt. Bélmez ist kein Durchfahrtsort; hierhin kommt man nur, wenn man es auch will. Dennoch ist er mittlerweile einer der bekanntesten Orte ganz Spaniens. Bélmez de la Moraleda, dieser kleine Ort in den Bergen, ist als »Ort der Gesichter« bekannt.

GESICHTER AUF BODEN UND WÄNDEN

Die Geschichte beginnt im November 1971, als eine Granadiner Zeitung eine seltsame Nachricht veröffentlicht. María Gómez Cámara, eine Einwohnerin von Bélmez de la Moraleda, versichert, dass sie im August desselben Jahres auf ihrem Küchenfußboden einen Fleck entdeckt hat, der

◀ Eines der Gesichter, das im Haus von
Maria Gomez in Bélmez (▶ S. 108) auftauchte.

ganz klar als menschliches Gesicht erkennbar war. Erschrocken läuft María nach draußen und sagt ihren Nachbarinnen Bescheid, die von Anfang an davon überzeugt sind, dass es sich um das Gesicht eines Mannes handelt. Fünf Tage später beauftragt María einen Handwerker, die oberste Schicht des Fußbodens abzutragen und diesen neu zu zementieren. Diese Maßnahme bringt María aber leider nicht den gewünschten Erfolg, und einige Tage später taucht das Gesicht wieder auf dem Boden auf. Es ist das Antlitz eines Mannes mit Schnurrbart und weit geöffneten Augen, und es soll nicht das einzige Gesicht bleiben. In den folgenden Tagen und Wochen erscheinen immer mehr Gesichter auf dem Boden, den Wänden und dem Herd von María. Einige verschwinden nach wenigen Tagen wieder, andere verändern sich und gewinnen an Schärfe, und wieder andere wandern von einer Stelle des Hauses zu einer anderen. Manche von ihnen, wie der berühmte »pelao« (Glatzkopf), haben sogar erkennbare Körper. Die Nachricht verbreitet sich in Spanien rasend schnell, und während vieler Wochen ist María Gómez Cámara die meist interviewte Person des Landes.

BETRUG ODER WUNDER?

Seit diesem November des Jahres 1971 hat Bélmez de la Moraleda Spanien in zwei Lager geteilt, darunter auch die wichtigsten Zeitungen, die sich für oder gegen den paranormalen Charakter der Erscheinungen aussprachen. Viele waren der Meinung, dass die Gesichter von Bélmez Betrug seien und von María mit Nitrat und Silberchlorid aufgemalt worden seien, den gleichen Substanzen, die man auch für das Entwickeln von Fotos benötigt. Dies wäre eine äußert effektive Technik, die so gemalten Bilder wieder langsam verschwinden zu lassen. Außerdem war die Sierra Mágina zu dieser Zeit noch ein sehr armes Gebiet, wo die Abgeschiedenheit und die geringe Bildung einen ausgezeichneten Nährboden für den Aberglauben boten. Nicht weit entfernt, in einem Ort namens Noalejo, wurde ein Jahrzehnt zuvor Custodio Pérez Aranda begraben, ein Heiler, der im Volksmund als Santo Custodio (Heiliger Custodio) bekannt war und der angeblich seine Kräfte direkt von Gott erhalten hat. Santo Custodio erreichte einen solchen Bekanntheits- und Beliebtheitsgrad bei der Bevölkerung, dass er von der katholischen Kirche als Bedrohung angesehen wurde. Als er 1961 starb, kamen so viele Menschen zu seiner Beerdigung, dass man sich selbst heute noch an die größte Beerdigung des modernen Andalusiens erinnert. Auch heute zieht sein Grab immer noch viele Anhänger des Volksheiligen an, die den Toten um Wunder bitten. Und wenn nun Maria, wie Santo Custodio, die Unwissenheit der Dorfbewohner ausgenutzt hat, um sich eine bequeme, fast unerschöpfliche Einnahmequelle zu sichern?

MEDIUM FÜR DIE TOTEN

Aber María Gómez hatte auch viele Befürworter, die ihre Ehrlichkeit verteidigten. Von Anfang an beobachtete sie mit ihrer Familie erstaunt und ratlos, wie sich ihr Haus mit Fremden füllte, mit Hunderten von Personen, die die Gesichter sehen wollten. Unter ihnen gab es auch Wissenschaftler und Experten der Parapsychologie, die keine Beweise dafür fanden, dass alles nur ein Trick Marías gewesen sein sollte. Einer dieser Wissenschaftler war der Deutsche Hans Bender, der Begründer des Freiburger Instituts für Grenzgebiete der Psychologie und Psychohygiene, der sich mit dem berühmten spanischen Parapsychologen Germán de Argumosa zusammentat, um einige Tonbandaufnahmen in dem Haus zu machen, die ein sehr beunruhigendes Ergebnis hatten: Auf den Bändern waren Stimmen zu hören. Es gab Klagen, Heulen, Beleidigungen und sogar schreckliche Schmerzensschreie. Den Experten zufolge kann man mehrere Personen heraushören, die mit einem starken andalusischen Akzent miteinander sprechen, in einer veralteten Sprache und mit vielen Worten, die schon lange nicht mehr benutzt wurden. Man hörte auch die Stimme einer Frau, die sich darüber beklagte, immer noch vergraben zu sein. Hans Bender gelangte schließlich zu dem Schluss, dass María Gómez unfreiwillig als Medium für die Toten aus dem Jenseits fungierte und dass die Gesichter mit ihrem eigenen Tod verschwinden würden.

KNOCHEN VOM FRIEDHOF

Die Beweise für die Ehrbarkeit Marías wurden aber nicht nur von den Spezialisten für paranormale Phänomene erbracht, die ohnehin verdächtigt wurden, die Diskussion künstlich anzufachen. 1975 beschloss das Centro Superior de Investigaciones Científicas, die damals wichtigste wissenschaftliche Institution Spaniens, das Geheimnis um die Gesichter zu lüften. Das Abbild des sogenannten »pelao« wurde aus dem Boden herausgenommen und zur Analyse nach Valencia gebracht. Das Ergebnis des Untersuchungsberichtes war klar: Es wurde kein Hinweis darauf gefunden, dass das Gesicht gemalt wurde. Es könnte sich allerhöchstens um einen Fall von Pareidolie (die menschliche Fähigkeit, in fast allem Formen zu erkennen) auf der Grundlage von Feuchtigkeitsflecken handeln. Die Reise des »pelao« entfachte die Polemik jedoch erneut, da sich während seiner Abwesenheit im Haus Marías ein neues identisches Gesicht bildete, das bald wieder verschwand, als die Probe mit dem Abbild aus Valencia zurückgeschickt wurde.

Währenddessen versuchten María Gómez und ihr Ehemann Juan Pereira einen Schlussstrich unter die Angelegenheit zu ziehen oder zumindest eine Erklärung für das Phänomen zu finden, das ihr ehemals ruhiges Leben für immer verändert hatte. Unter anderem wurde der gesamte Küchenboden aufgerissen, ausgegraben, eine dicke Schicht abgetragen und mit Zement aufgefüllt, damit zukünftig keine Gesichter mehr auf den Wänden auftauchten. Zu ihrer Überraschung fand sich unter dem Boden eine große Menge an Knochen, die wahrscheinlich von dem Friedhof stammten, der sich im 18. Jh. auf dem heutigen Grund des Hauses befunden hat. Diese Entdeckung gab dem Ganzen einen morbiden Touch und raubte vielen Spaniern eine Zeit lang den Schlaf.

UNGELÖSTES GEHEIMNIS

Seit jenem Tag des Jahres 1971 häufen sich die Untersuchungen, die beweisen wollen, dass die Gesichter nur gemalt waren, und die behaupten, dass María korrosive Substanzen wie Essig oder hausgemachte Glasuren mit einem hohen Anteil an Blei und Chrom benutzte. Alles deutet darauf hin, dass die Gesichter ein großes Kunstwerk Marías waren, auch wenn man nie die genaue Methode und die von ihr benutzten Farbpigmente entdeckt hat. Die Zahl der Skeptiker ist gewachsen, aber im Laufe der Zeit hat das Geheimnis um die Gesichter von Bélmez nichts an Aktualität und Spannung verloren.

María Gómez Cámara starb im Jahr 2004 und nahm ihr Geheimnis mit ins Grab, falls sie denn wirklich eines hatte. Für einige war sie die Verantwortliche für einen Betrug, der sich über Jahrzehnte hinzog. Für andere war sie bloß ein Opfer, eine einfache Frau, die in die Falle der Medien tappte, die durch die seltsamen Erscheinungen in ihrem Haus auf den Plan gerufen wurden. Auch heute noch ist der kleine Ort Bélmez de la Moraleda ein Anziehungspunkt für viele Neugierige, die einen Blick auf das Haus von María werfen wollen, und selbst die Stadtverwaltung hat ein kleines Interpretationszentrum über die Gesichter von Bélmez eröffnet, in dem die Geschichte des wichtigsten paranormalen Phänomens des 20. Jh. dokumentiert wird.

COSTA DEL SOL UND MÁLAGA

Die Costa del Sol hat sich nun wieder von den Jahren des Baubooms und der Umweltsünden erholt und stellt ein ideales Reiseziel für diejenigen Besucher dar, die in ihren Ferien das Meer, gutes Essen, Unterhaltung und ausgelassene Stimmung genießen möchten.

Die Costa del Sol ist ein 161 km langer Küstenstreifen, der sich von Gibraltar bis zu den Stränden der Provinz Granada erstreckt. In den 1950er-Jahren wurde er zu einem der Lieblingsziele des europäischen Jetsets. Die Hauptorte der Costa del Sol, Marbella, Estepona oder Nerja, ziehen immer noch die meisten Besucher an, aber die Bausünden der letzten Jahrzehnte treiben auch immer mehr Reisende in das Landesinnere, wo sich mehrere Naturschutzgebiete und versteckte Schätze wie Ronda, die Sierra de las Nieves, Antequera und die weißen Dörfer der Axarquía befinden. Von fast allen Dörfern sind es nur wenige Kilometer bis zur Küste, das Gebiet ist nicht so dicht bebaut, die Landschaften haben bis heute ihre ursprünglichen Reize erhalten, und die Preise für Unterkunft und Verpflegung sind erheblich niedriger als in den Küstenorten. Die einheimischen Unternehmer sind sich dessen bewusst, und so wurden zum Bei-

◄ Das weiße Bergdorf Frigiliana im Gebiet Axarquía (▶ S. 119) ist sehenswert.

spiel in der Gegend um Ronda in den letzten Jahren viele kleine, sehr charmante Hotels eröffnet, in denen man nach einem Ausflug an die Küste oder in die Umgebung herrlich entspannen kann. Auch die Stadt Málaga, die sich schon immer abseits der großen Touristenströme befand, die die Costa del Sol überschwemmten, erlebte in den letzten Jahren einen enormen Aufschwung, der sich vor allem im reichhaltigen kulturellen Angebot der Stadt widerspiegelt.

MÁLAGA ◖ E 5
561 000 Einwohner
Stadtplan ▶ S. 115

Die Stadt Málaga war noch nie eines der wichtigsten touristischen Zentren der Küste. Während die neueren Orte wie Marbella oder Torremolinos Tausende von Besuchern verzeichnen konnten, blieb Málaga weiterhin eine bescheidene Hafen- und Fischerstadt (der Hafen zählt übrigens zu den wichtigsten Umschlagplätzen Spaniens), die den Eindruck vermittelte, dass sie nicht viel zu bieten hat. Jahrzehntelang kamen die Urlauber einfach nur am Flughafen an und reisten gleich weiter in die Küstenstädte. Kaum jemand besuchte das Stadtzentrum mit der schönen Einkaufsstraße Calle Larios oder die Kathedrale, die im Volksmund »la manquita« (Die Einarmige) genannt wird, weil einer ihrer Türme nie vollendet wurde. Zum Glück wusste die Stadt ihren großen Moment abzuwarten. Und dieser ist nun endlich gekommen. Málaga kann nun die Früchte der langen Arbeit an ihrem Image ernten. In

kultureller Hinsicht ist das Museo Picasso, das ganz und gar dem berühmtesten Sohn der Stadt gewidmet ist, der größte Beweis für den Aufschwung der Stadt. Auch die Bauarbeiten, die die Stadt zum Hafen und zum Mittelmeer öffneten, wurden abgeschlossen, und es entstand ein neues Stadtviertel mit vielen Freizeitmöglichkeiten. Zu den traditionellen Restaurants und Tavernen im Zentrum gesellen sich seit einiger Zeit auch einige schicke Bars, in denen man bis spät in die Nacht in gepflegtem Ambiente das neue goldene Zeitalter der Stadt feiern kann.

SEHENSWERTES

❶ Alcazaba de Málaga 👤👣

Die mittelalterliche Festung setzt sich aus zwei klar differenzierbaren Teilen zusammen: die Alcazaba, die sich über dem römischen Theater erhebt und in ihrem Inneren eine luxuriöse Residenz barg, und der Berg Gibralfaro, ein ehemals militärischer Überwachungspunkt, auf dem sich heute der Parador

Gibralfaro befindet. Im Inneren der Alcazaba liegt sich der zweitgrößte Palastkomplex aus der Zeit der Nasriden nach der Alhambra.

Calle Alcazabilla 2 | Tel. 9 52 22 72 30 und mobil 6 30 93 29 87 und | www.malaga turismo.com | Sommer 9–20, Winter Mo 9–18, Di–So 8.30–19.30 Uhr | Eintritt 2,20 €, ermäßigt 0,60 €

② Catedral

Außer durch den fehlenden Turm, der zum bekanntesten Merkmal des Gotteshauses geworden ist, sticht die Kathedrale durch die Schönheit ihrer Fassade hervor, die ein wunderbares Beispiel für die Vereinigung der beiden Stilrichtungen Renaissance und Barock ist. Das spektakuläre Chorgestühl, der wahre Schatz der Kathedrale, ist ein Werk des Bildhauers Pedro de la Mena.

Calle Molina Lario 9 | Tel. 9 52 22 03 45 | www.malagaturismo.com | Mo–Fr 10–18, Sa 10–17, So 14–18 Uhr, Feiertage geschl. | Eintritt 5 €, ermäßigt 2 €, So frei

Jardín Botánico de la Concepción 👪 ▶ S. 115, nördl. c 1

Der ursprüngliche Nutzen des botanischen Gartens La Concepción war der eines Erholungsortes für das Ehepaar Jorge Loring und Amelia Heredia Livermore, die mit ihrer Heirat die beiden mächtigsten Familien der Stadt miteinander vereinten. Heute ist es einer der interessantesten botanischen Gärten Europas, in dem es über 50 000 tropische, subtropische und endemische Pflanzen zu entdecken gibt. Der Park wird von mehreren Bächen durchzogen, und die Statuen, Skulpturen und kleinen Wasserfälle verwan-

deln den Besuch des botanischen Gartens in eine einzigartige Erfahrung.

Camino del Jardín Botánico 3 | Tel. 9 52 25 21 48 | www.laconcepcion.malaga. eu | 1. April–30. Sept. tgl. 9–20.30, 1. Okt.–31. März 9–17.30 Uhr | Eintritt 5,20 €, ermäßigt 3,10 €

③ Muelle Uno 🚩

Jahrzehntelang war die Küstenstadt Málaga durch den meterhohen Zaun des Hafengeländes vom Meer getrennt. Bei einem städteplanerischen Projekt wurde der Hafen zur Stadt hin geöffnet, und es entstand einer der neuen Lieblingsorte der Malagueños, der Muelle Uno, eine Promenade mit Geschäften und Bars direkt am Meer.

Málaga | Muelle 1 | Tel. 9 52 00 39 42 | www.muelleuno.com | Geschäfte 10–22, Gastronomie 12–0 Uhr

MUSEEN UND GALERIEN

④ Centro de Arte Contemporáneo de Málaga

Das CAC Málaga ist eines der innovativsten Museen Spaniens. Außer der Dauerausstellung, die über 400 Werke der bekanntesten Künstler des 20. Jh. wie Damien Hirst, Miquel Barceló oder Juan Muñoz zeigt, besticht das Museum durch wechselnde Ausstellungen, die stets aktuell sind.

Calle Alemania s/n | Tel. 9 52 12 00 55 | www.cacmalaga.org | 11. Sept.–25. Juni Di–So 10–14 und 17–21, 26. Juni–10. Sept. Di–So 10–20 Uhr, Mo geschl. | Eintritt frei

⑤ Museo Carmen Thyssen 🚩

Nach einem erbitterten Streit mit der Stadt Sevilla wurde die Stadt Málaga erwählt, die hervorragende Sammlung spanischer Gemälde aus dem 19. und

20. Jh. zu beherbergen, die sich im Besitz von Carmen Thyssen-Bornemisza, der Witwe des Barons Thyssen, befindet. Das hübsche, kleine Museum, das wahre Kunstschätze versteckt, ist sehr zu empfehlen.

Málaga | Museo Carmen Thyssen | Calle Compañía 10 | Tel. 9 02 30 31 31 | www.carmenthyssenmalaga.org | Di–Do, So 10–20, Fr, Sa 10–21 Uhr | Eintritt 6 €, ermäßigt 3,50 €

6 Museo Picasso

Auch wenn Pablo Picasso Málaga im zarten Alter von zehn Jahren verließ, übte seine Geburtsstadt doch großen Einfluss auf sein Schaffen aus. Er gab sogar zu, dass die Silhouette der Alcazaba die ersten kubistischen Formen waren, mit denen er sich beschäftigte. Mit der Eröffnung des Museums im Jahr 2003, das Malereien, Zeichnungen und Skulpturen des großen Künstlers ausstellt, erfüllte sich die Stadt einen lang gehegten Traum.

Calle San Agustín 8 | Tel. 9 52 12 76 00 | www.museopicassomalaga.org | Di–Do, So 10–20, Fr, Sa 10–21 Uhr | Eintritt Dauerausstellung 6 €, wechselnde Ausstellung 4,50 €

ÜBERNACHTEN

7 Hospedería Riad Andaluz

Schöner Patio – Wenn man nicht in den Häusern der großen Ketten übernachten möchte, empfiehlt sich dieses hübsche Hotel. Es befindet sich im Zentrum Málagas in einer Fußgängerzone und bietet den Gästen geschmackvolle Zimmer im andalusisch-arabischen Stil. Die Plaza de la Merced und das Geburtshaus Picassos sind nicht weit.

Calle Hinestrosa 24 | Tel. 9 52 21 36 40 | www.hostalriadandaluz.com | 8 Zimmer | €€

Hotel Castillo de Santa Catalina

▶ S. 115, östl. f 1

Gehobene Atmosphäre – Zu Beginn des 20. Jh. entschied der Unternehmer Manuel Loring, die Burg von Santa Catalina mit ihrem atemberaubenden Ausblick über die Stadt zu seinem Wohnsitz zu machen. Heute ist es ein zauberhaftes Hotel, das unter Denkmalschutz steht und zwischen den Resten der alten Festungsmauern einen romantischen Garten birgt.

Calle Ramos Carrión 38 | Tel. 9 52 21 27 00 | www.castillodesantacatalina.com | 8 Zimmer | ♿ | €€€€

8 Hotel Molina Lario

Im Herzen der Altstadt – Durch die Lage und die Qualität der Unterkunft gehört dieses Haus zu den besten Hotels der Stadt. Vom Schwimmbad auf der Dachterrasse genießt man einen wunderbaren Ausblick auf die Kathedrale. Sehr zu empfehlen!

Calle Molina Lario 20 | Tel. 9 52 06 20 02 | www.hotelmolinalario.com | 103 Zimmer | ♿ | €€€

Villa Lorena

▶ S. 115, östl. f 1

Abseits der Massen – Die hübsche, luxuriöse Villa liegt im besten Wohnviertel El Limonar, nahe beim Stadtzentrum und Strand. Das Hotel verfügt über ein Schwimmbad und Fahrräder, mit denen die Gäste die Stadt erkunden können.

República Argentina 16A | Tel. 9 52 60 95 79 | www.villalorenamalaga.com | 7 Zimmer | ♿ | €€€

ESSEN UND TRINKEN
RESTAURANTS
⑨ Marisquería Casa Vicente
Málaga 🧍‍♂️

Lokales Ambiente – Casa Vicente gehört zu den beliebtesten Lokalen der Einwohner, sodass man am besten früh kommt, um noch ein Plätzchen an der Theke zu finden. Die Einrichtung ist eher einfach, aber dafür gibt es jede Menge leckere Gerichte mit frischem Fisch und Meeresfrüchten zu günstigen Preisen.

Calle Comisario 2 | Tel. 9 52 22 53 97 | www.marisqueriacasavicente.es | tgl. 11.30–16.30 und 20–0 Uhr | €€

Restaurante Las Palmeras 🧍‍♂️
▶ S. 115, östl. f 2

Am Strand – Das Restaurant Las Palmeras liegt direkt am Strand und ist sicher einer der besten Orte, um die Malagueñer Spezialität »espetos« zu probieren. »Espetos« sind die gegrillten Sardinen am Spieß, für die die Stadt in ganz Spanien bekannt ist.

Paseo Marítimo El Pedregal 97 | Tel. 9 52 29 73 79 | Di–So 12–17 und 20–0 Uhr, Mo geschl. | €€

⑩ Restaurante La Plaza

Tapas in der Altstadt – Das Restaurant La Plaza verfügt über eine große Auswahl an Tapas und eine schöne Speisekarte mit allerlei leckeren Vorspeisen und Hauptgerichten. Bei gutem Wetter ist es ein Vergnügen, auf der schönen Außenterrasse auf der Plaza de la Merced zu sitzen und das bunte Treiben zu beobachten.

Plaza de la Merced 18 | Tel. 9 52 36 98 78 | www.laplazamalaga.com | Mo–So 8–2 Uhr | €€–€€€

BARS
⑪ Antigua Casa de Guardia

Lebendige Geschichte – Hier sollte man nicht mit Hunger herkommen, da die Auswahl an Tapas eher spärlich ausfällt. Man kann aber die guten Weine der Axarquía probieren und die historische Atmosphäre der Bar genießen.

Alameda Principal 18 | Tel. 9 52 21 46 80 | www.antiguacasadeguardia.net | Mo–Do 9–22, Fr, Sa 9–23 Uhr, So geschl. | €–€€

Leckerbissen aus Málaga

Greifen Sie zu, wenn es in den Strandbars kleine, am offenen Feuer gegrillte Sardinen gibt. Das ist Urlaubsgefühl pur (▶ S. 14).

⑫ Bodega Bar El Pimpi 🧍‍♂️

Eine Institution – Im El Pimpi trifft man meist auf eine große Anzahl Touristen aus aller Welt, da diese traditionelle Bar zu den typischsten Lokalen in Málaga zählt und auch immer wieder empfohlen wird. Nichtsdestotrotz hat sich das El Pimpi seinen Charme bewahrt und ist der beste Ort für ein Glas Wein und eine Tapa, bevor man zum Abendessen weiterzieht.

Calle Granada 62 | Tel. 9 52 22 89 90 | www.elpimpi.com | Mo–So 10–2 Uhr | €€

⑬ La Moraga 🧍‍♂️

Avantgardistische Tapas – Außer dem Restaurant Calima betreibt der Sternekoch Dani García noch diese schicke Gastro-Bar, in der er seine außerordentlichen Tapaskreationen anbietet.

La Moraga ist natürlich etwas teurer als andere Bars der Stadt, aber der Besuch lohnt sich.

Plaza de la Malagueta 4 | Tel. 9 52 22 41 53 | www.lamoraga.com | Mo–So 13–16 und 20–23.30 Uhr | €€€–€€€€

EINKAUFEN

MÄRKTE

14 Mercado Central de Atarazanas

Die Markthalle von Málaga ist ein herausragendes Beispiel für die Stahlarchitektur des frühen 20. Jh. Der Markt verfügt allerdings immer noch über sein arabisches Eingangstor, das aus der Zeit der Nasriden stammt und früher der Eingang zu einer arabischen Werft (»ataranza«) war. Im Inneren findet sich eine große Anzahl an Fisch- und Gemüseständen, und um den Markt herum befinden sich viele hübsche Cafés.

Calles de las Atarazanas s/n | Mo–Sa morgens

KUNSTHANDWERK

15 La Recova

La Recova ist einer der schönsten und originellsten Kunsthandwerksläden Andalusiens. Die Auswahl ist riesig, und man findet hier wunderbare Stücke aus ganz Spanien, zum Beispiel Teppiche, Möbel, Keramik, Lederwaren, Glaswaren etc. Es gibt auch eine

Lebhaftes Marktleben 10

Ein Bummel durch die Markthallen der andalusischen Städte am Vormittag ist lehrreich und stimmungsvoll zugleich (▶ S. 14).

Blick auf die 500 m lange Playa de Maro vom Balkon Europas, wie ein Platz im Küstenort Nerja (▶ S. 119), dem touristischen Zentrum der Axarquia, genannt wird.

kleine aber feine Auswahl an Lebensmitteln, die auf traditionelle Weise hergestellt werden. Manchmal werden auch Kurse angeboten oder es finden ausgelassene Feste hier statt.

Pasaje Nuestra Señora de los Dolores de San Juan 5 (neben der Kirche Iglesia San Juan) | Tel. 9 52 21 67 94 | www.larecova. es | Mo 10.30–20.30, Di–Sa 10.30–13.30 und 17–20.30 Uhr

KULTUR UND UNTERHALTUNG

16 Dachterrasse des Hotel Room Mate Larios

Im Sommer wird die Dachterrasse des von der Kette Room Mate betriebenen Hotels Larios zum In-Lokal der Stadt. Von hier aus hat man eine traumhafte Aussicht auf Málaga, und oft gibt es Livemusik oder DJs, die für gute Stimmung sorgen.

Calle Marqués de Larios 2 | Tel. 9 52 22 22 00 | www.larios.room-matehotels. com | So–Do 18–1, Fr, Sa 18–2 Uhr, im Winter geschl.

17 Plaza Mitjana

Die Plaza Mitjana ist einer der großen Anziehungspunkte am Abend. Auf dem Platz und in den Straßen um ihn herum gibt es eine große Menge an Bars und Kneipen für jeden Geschmack: für ein ruhiges Gespräch, für leckere Cocktails oder zum Tanzen. Am Wochenende ist richtig was los!

SERVICE

AUSKUNFT

Fremdenverkehrsbüro ▶ S. 115, c 2

Plaza de la Marina 11 | Tel. 9 51 92 60 20 | www.malagaturismo.com | 27. Okt.– 28. Feb. Mo–So 9–18, 1. März– 26. Okt. Mo–So 9–20 Uhr

ZIELE IN DER UMGEBUNG

◎ **LA AXARQUÍA** ⚑ F 4/5

Die Axarquía ist das Gebiet östlich von Málaga und weist zwei sehr unterschiedliche Gesichter auf: die Küste und die Orte im Landesinneren. Die Küstenorte wie Torre del Mar, Torrox Costa und Nerja sind wie alle Städte entlang der Costa del Sol in ein paar Jahrzehnten unglaublich schnell gewachsen, sodass die Orte mittlerweile alle ineinander übergehen. Allerdings hat der Massentourismus in der Axarquía nie das Niveau von Estepona erreicht, und Orte wie Nerja, das touristische Zentrum der Axarquía, strahlen mit ihrem hübschen Stadtbild, weißen Häusern, schmalen Gassen und orangengesäumten Straßen immer noch einen andalusischen Charme aus. Die Axarquía ist der etwas bescheidenere Teil der Costa del Sol, und in Dörfern wie Torrox und Alhaurín el Grande kann man immer noch sehen, wie hier das Leben in der ersten Hälfte des 20. Jh. aussah: hübsche Dörfer mit weiß getünchten Häusern, die sich an die Hänge der Felsen schmiegen, ein gewisser Abstand zum Meer, um Übergriffe von Piraten zu vermeiden, aber nah genug, dass die Männer täglich mit ihren Booten zum Fischen hinausfahren konnten. Je weiter man in die Axarquía vordringt, desto reiner und authentischer werden die Orte, an denen man vorbeikommt. Diese bergige, etwas unwegsame Landschaft birgt in ihrem Inneren eine recht große Anzahl an Dörfern arabischen Ursprungs, über denen oft eine Burg oder ein beeindruckender Glockenturm thront. Besonders sehenswert sind Almáchar, Sayalonga, El Borge, Frigiliana, Comares oder Cútar mit ihren engen Gassen und herrlichen Blicken auf Palmen, Zypressen, Hügel voller Mandelbäume, Oliven, Pinienwälder und auch immer wieder auf das weite Blau des Mittelmeers. Statt sich am aggressiven saisonalen Geschäft mit den Sommertouristen zu beteiligen, richteten sich diese Orte darauf aus, zur Winterresidenz und auch zum Hauptwohnsitz vieler Europäer zu werden, die bestens in das Leben integriert sind und auch oft am Fortbestehen der lokalen Traditionen teilhaben und sich für den Denkmalschutz engagieren.

Die Axarquía ist ein eigenes kleines Universum am Rande der Costa del Sol und verdient es, dass man sich bei einem Besuch in der Gegend einige Tage Zeit für sie nimmt.

50 km östl. von Málaga

SEHENWERTES

Cementerio de Sayalonga

Sayalonga ist das perfekte Beispiel eines typischen Ortes der Axarquía mit schmalen Straßen und weiß getünchten Häusern, die mit bunten Blumentöpfen schön dekoriert sind. Ein Spaziergang durch den Ort endet am kuriosen Friedhof mit seinem achteckigen Grundriss, der aus dem 19. Jh. stammt. Für die seltsame Form gibt es keine richtige Erklärung, auch wenn einige Quellen behaupten, dass dies auf unter Freimaurern gebräuchliche Symbole zurückgehen soll oder auf den lokalen Aberglauben, dass die Toten sich nicht gegenseitig den Rücken zukehren dürfen. Neben dem Friedhof befindet sich ein kleines Museum.

Sayalonga | Cementerio municipal s/n | Tel. 9 52 53 50 21 | www.sayalonga.es

Cueva de Nerja 👫

Im Örtchen Maro, ganz in der Nähe von Nerja, befindet sich die berühmte Höhle von Nerja, ein riesiger Tropfsteinhöhlenkomplex von fast 5 km Länge, in dem auch Wandmalereien gefunden wurden, die über 30 000 Jahre alt sind und zu den ältesten bekannten Kunstwerken der Welt zählen.

Maro | Carretera de las Cuevas | Tel. 9 52 52 95 20 | www.cuevadenerja.es | tgl. 10–14 und 16–18.30, Juli, Aug. 10–19.30 Uhr | Eintritt 8,50 €, ermäßigt 4 €

Klippen von Maro y Cerro Gordo

Zusätzlich zum Besuch der vielen malerischen weißen Dörfer empfiehlt sich eine Wanderung in der Axarquía. Wegen der spektakulären Klippen und einsamen Buchten sollte man unbedingt den Naturpark Alcantilados de Maro y Cerro Gordo erkunden, der sich an der Grenze zwischen den Provinzen Málaga und Granada befindet.

Nerja | Oficina de Turismo (Fremdenverkehrsamt) | Calle del Carmen 1ª | Tel. 9 52 52 15 31 | www.nerja.es | Mo–Sa 10–14 Uhr, nachmittags unterschiedliche Öffnungszeiten je nach Jahreszeit

ÜBERNACHTEN

Escuela la Crujía 👫

Ruheoase – Die ehemalige Schule des Dörfchens La Crujía beherbergt heute ein kleines Hotel mit nur 6 Zimmern und ist ideal für Ruhe suchende Gäste. Zum Haus gehören ein wunderbares Schwimmbad und ein hübscher Garten, und man hat den Eindruck, dass man im eigenen Ferienhaus Urlaub macht.

El Trapiche, Vélez-Málaga | Buzón 25 | Tel. 9 52 55 77 33 | www.escuelalacrujia.com | 6 Zimmer | ♿ | €€€

Hotel los Caracoles 🛏

Schwimmbad mit Meerblick – Dieses Hotel ist ein beeindruckendes Beispiel für das harmonische Zusammenspiel von Architektur und Natur. Es bietet einen traumhaften Ausblick auf das Mittelmeer und verfügt über ein sehr gutes Restaurant.
Carretera Frigiliana-Torrox, km 4,5 | Tel. mobil 6 16 77 93 39 | www.hotelloscaracoles.com | ♿ | €€€

ESSEN UND TRINKEN
RESTAURANTS
Restaurante Al Fuente 🛏

Regionale Küche – Das Restaurant Al Fuente ist eines dieser kleinen Lokale, das noch auf traditionelle Zutaten und Zubereitung Wert legt. Man sollte unbedingt reservieren oder sehr früh dort sein, um einen Tisch zu bekommen.
Frigiliana | Calle Real 32 | Tel. mobil 6 60 77 77 44 | tgl. 13–23 Uhr | €€–€€€

Restaurante La Oliva 🛏

Für besondere Anlässe – Das Restaurant bietet eine Speisekarte mit Neuinterpretationen der traditionellen andalusischen Küche auf hohem Niveau.
Nerja | Calle Pintada 7 | Tel. 9 52 52 29 88 | www.restauranteoliva.com | tgl. 12–16.30 und 19–23 Uhr | €€€–€€€€

Bar Fernando Caribu – Torrox Costa 🛏

Fangfrischer Fisch – Dieses bei den Einheimischen sehr beliebte Lokal serviert leckere Fischgerichte und Hausmannskost zu unschlagbaren Preisen.
Torrox Costa | Av del Faro, bloque 3 | Tel. 952 53 45 86 / 679 15 85 85 | tgl. 9–0 Uhr, außer Juli, Aug. Di geschl. | €

El Borge (▶ S. 119) ist einer der sehenswerten, weil authentischen Orte in La Axarquía. In seinen engen Gassen kann man noch den arabischen Ursprung erkennen.

◎ MARBELLA ♥ E 5
140 000 Einwohner

Die 1950er-Jahre waren für Marbella ein entscheidender Einschnitt. Bis dahin war die Stadt ein kleines Fischerdorf, das seit Hunderten von Jahren fast unverändert geblieben war. Dieses alte Marbella erkennt man immer noch in der malerischen Altstadt, die sich seit dem 16. Jh. kaum verändert hat und in deren Zentrum sich die wunderschöne Plaza de los Naranjos befindet. Aber ab dem Jahr 1950 sollte ein Mann für immer das Antlitz des Ortes verändern: Ricardo Soriano Scholtz von Hermensdorff, Graf von Ivanrey und Bauherr der ersten touristischen Gebäude im großen Stil machte Marbella innerhalb weniger Jahre zum Lieblingsziel einiger großer Dynastien wie Bismarck, Rothschild, Thurn und Taxis, Metternich, Goldsmith oder Thyssen-Bornemisza. Seit dieser Zeit ist die Stadt aus den internationalen Klatschmagazinen nicht mehr wegzudenken. Die Wirtschaftskrise und die vielen Korruptionsfälle, die zu Verhaftungen führten, haben das Leben in Marbella kaum verändert, und die Stadt ist und bleibt ein Paradies für die wohlhabenden Besucher, die in den luxuriösen Boutiquen jährlich einige Millionen umsetzen. Der Ort ist aber auch ein idealer Ausgangspunkt für Ausflüge in die unberührte Natur der Sierra de las Nieves oder zu den malerischen weißen Dörfern Caseres oder Tolox.

60 km westl. von Málaga

ÜBERNACHTEN
Hotel Puente Romano

Luxus pur – Das Hotel befindet sich inmitten einer großzügigen und gepflegten Anlage direkt am Strand und ist seit seiner Eröffnung im Jahr 1979 eine Referenz für Luxus und Komfort in Spanien. Die Zimmer sind sehr groß und gemütlich eingerichtet, das Personal liest den Gästen die Wünsche von den Augen ab, und zur Anlage gehört ein breit gefächertes Angebot an Restaurants, Sport und Freizeit.

Bulevar del Príncipe Alfonso von Hohenlohe s/n | Tel. 9 52 82 09 00 | www.puenteromano.com | 285 Zimmer | ♿ | €€€€

ESSEN UND TRINKEN
RESTAURANTS
Calima ▸ S. 28

Restaurante El Ancla

Feines Essen, traumhafte Aussicht – Das Restaurant ist nur 13 km von Marbella entfernt. Schon seit Jahren ist das Haus wegen der Qualität der hier servierten Speisen und des äußerst zuvorkommenden Personals eine Institution an der Costa del Sol. Wenn Sie zum Mittagessen kommen, sollten Sie Badesachen mitbringen. Das Restaurant verfügt über ein eigenes Schwimmbad, und der Strand ist auch ganz in der Nähe.

San Pedro de Alcántara | Av de Carmen Sevilla s/n | Tel. 9 52 78 93 28 | www.elanclarestaurante.com | tgl. 13.30–23.30 Uhr | €€€

RONDA ⑥ ♥ D 5
36 700 Einwohner

Seit dem 19. Jh., als die ersten Reisenden das romantische Andalusien entdeckten, gilt Ronda als einer der Orte, die man bei einer Andalusienreise gesehen haben muss. Viele Künstler

Die Altstadt von Marbella stammt aus der Zeit der maurischen Herrschaft und betört durch enge, kopfsteingepflasterte Gassen, arabisch anmutende Häuser und malerische Plätze.

schworen der kleinen Stadt ihre ewige Liebe; der Regisseur Orson Welles bat sogar darum, dass seine Asche auf dem Grundstück seines Freundes, dem Torero Antonio Ordóñez, verstreut werden sollte. Warum aber verzaubert Ronda die Menschen dermaßen? Hier handelt es sich um das Zusammenspiel mehrerer Faktoren: Die Stadt erhebt sich auf einer kleinen Hochebene, die durch den Fluss Guadalevín auf spektakuläre Weise durchschnitten wird und dem Ort so sein berühmtes Stadtbild verleiht. Aus arabischer Zeit, als Ronda die Hauptstadt eines kleinen Königreiches war, sind auch heute noch viele Mauern und Torbögen erhalten, die der Stadt ein romantisches Flair verleihen. Besonders im 17. und 18. Jh. kam Ronda zu einem stattlichen Wohlstand, und aus dieser Zeit stammen die meisten der zahlreichen Paläste, Kirchen und Herrenhäuser und auch der spektakuläre Puente Nuevo (neue Brücke), der sich über die tiefe Schlucht spannt. Hinzu kommt auch die beeindruckende Berglandschaft, die Ronda von allen Seiten umgibt und die den Ort zu einem idealen Ausgangspunkt für Ausflüge in die Natur und zu den malerischen Dörfern der Umgebung macht. Trotz der Besuchermassen hat Ronda bis heute nichts von seinem Flair verloren und ist immer noch einer dieser Orte, die große Gefühle hervorrufen und die man nicht so schnell vergisst.

SEHENSWERTES

Baños árabes

Ganz in der Nähe des Puente Nuevo, in einem ehemaligen arabischen Armenviertel, wurden vor einigen Jahrzehnten die Überreste dieser kleinen arabischen Bäder gefunden, die zu den am besten erhaltenen Bädern der Iberischen Halbinsel gehören.

Calle San Miguel s/n | Tel. mobil 6 56 95 09 37 | www.turismoderonda.es | Mo–Fr 10–19, Sa, So, Feiertage 10–15 Uhr | Eintritt 3 €

Casa del Rey Moro

Die Casa del Rey Moro ist eines der geheimnisvollsten Monumente Andalusiens. Es handelt sich hierbei um einen Palast mit einem labyrinthischen Grundriss, dessen Inneres sich leider in einem sehr schlechten Zustand befindet. Von hier aus hat man einen atemberaubenden Ausblick auf die Schlucht des Tajo und eine traumhafte Gartenanlage. Unter dem Palast befindet sich eine Mine arabischen Ursprungs, die über 60 m tief ist und dem Transport von Trinkwasser diente, das die Sklaven tagein, tagaus die steilen Treppen hinauftragen mussten. Der Abstieg ist abenteuerlich und nicht für kleine Kinder geeignet!

Calle de Santo Domingo 9 | Tel. 9 52 16 10 02 | tgl. 10–20 Uhr | Eintritt 4 €, ermäßigt 2 €

Von den Gärten der Casa del Rey Moro (▶ S. 124), dem Haus des maurischen Königs, hat man einen wunderbaren Blick über die Schlucht El Tajo mitten in Ronda.

Iglesia de Santa María la Mayor

Die Kirche wurde auf Befehl von König Fernando dem Katholischen nach der Eroberung Rondas auf dem Mirhab der ehemaligen Moschee errichtet. Das Äußere der Kirche sticht durch den interessanten zweistöckigen Balkon über dem Säulengang hervor.

Plaza Duquesa de Parcent | Tel. 9 52 87 40 48 | www.turismoderonda.es | Mo–Sa 10–20, So 10–12.30 und 14–20 Uhr | Eintritt 4 €, ermäßigt 2 €

Puente Nuevo

Die atemberaubende Brücke, die sich über eine über 100 m tiefe Schlucht spannt, wurde zwischen 1759 und 1793 vom Architekten José Martín de Aldehuela erbaut, der übrigens auch die Stierkampfarena Plaza de Toros entwarf, die als die älteste Spaniens gilt. Im Inneren der Brücke befindet sich ein kleines Interpretationszentrum mit Hintergrundinformationen zu ihrem Bau. Für die beste Sicht und die schönsten Fotomotive sollte man den kleinen Weg nehmen, der nahe dem Palacio de Mondragón in die Schlucht führt.

Plaza de Espana s/n | Tel. mobil 6 49 96 53 38 | www.turismoderonda.es | Mo–Fr 10–19, Sa, So 10–15 Uhr | Eintritt 2 €

MUSEEN UND GALERIEN

Museo del Bandolero 🧍‍♂️

Die Bandoleros gehören zu den wichtigsten historischen Phänomenen der Gegend um Ronda. Ihr Ursprung liegt im 19. Jh., als die einheimischen Guerillas, die im Napoleonischen Krieg gegen die Franzosen kämpften, sich nicht den neuen Zeiten des Friedens anzupassen wussten und weiterhin die Kutschen auf ihrem Weg in die Stadt überfielen und ausraubten. In dem kleinen Museum wird die Figur des Bandolero, der klassischen Gestalt des romantischen Andalusiens, erklärt.

Calle Armiñán 65 | Tel. 9 52 87 77 85 | www.museobandolero.com | Sommer 11–20.30, Winter 11–19 Uhr | Eintritt 3,75 €

Palacio de Mondragón mit Museo Municipal 🧍‍♂️

Der Palacio de Mondragón wurde einst als Residenz für einen Sohn des Sultans von Marokko und Gouverneur der Stadt errichtet. In seinem Inneren befindet sich heute das archäologische Museum Rondas. Hervorzuheben sind auch die Gärten im Mudéjar-Renaissancestil.

Plaza de Mondragón s/n | Tel. 9 52 870 818 | www.turismoderonda.es | Mo–Fr 10–19, Sa, So 10–15 Uhr | Eintritt 4 €

ÜBERNACHTEN

Arriadh Hotel 🧍‍♂️

Nur wenige Kilometer von der Stadt – Das Hotel ist einem hübschen, weiß getünchten »cortijo« untergebracht und eignet sich hervorragend, um zur Ruhe zu kommen. Hier gibt es keinen Luxus, aber die Zimmer sind geräumig und gemütlich und verfügen alle über einen eigenen Balkon. Zur Anlage gehört ein schöner Garten.

Camino de Laura s/n | Tel. 9 52 11 43 70 | www.arriadhhotel.com | 11 Zimmer | ♿ | €€

Hotel Fuente de la Higuera ▸ S. 25

Hotel Montelirio 🧍‍♂️

Atemberaubende Aussicht – Dieses charmante Hotel bietet seinen Gästen nicht nur Zimmer mit einer wunderschönen Aussicht auf die Schlucht, sondern auch ein Schwimmbad auf der Außenterrasse, ein türkisches Bad und ein erstklassiges Restaurant.

Calle Tenorio 8 | Tel. 9 52 87 38 55 | www.hotelmontelirio.com | 15 Zimmer | ♿ | €€€€

ESSEN UND TRINKEN

RESTAURANTS

Carmen la de Ronda 🍴

Degustationsmenüs – Mit ausgezeichnetem Preis-Leistungs-Verhältnis. Für etwa 25 € pro Person kann man die besten Gerichte des Hauses probieren und dazu noch die Weine aus der Region verkosten.

Plaza de la Duquesa de Parcent 10 | Tel. 9 52 87 87 35 | www.carmenlade ronda.es | tgl. 11–0 Uhr | €€

De Locos Tapas 🍴

Die besten Tapas der Stadt – Hier gibt es eine sagenhafte Auswahl an qualitativ hochwertigen und kreativen Tapas. Reservierung empfohlen.

Calle Arquitecto Pons Sorolla 7 | Tel. mobil 6 05 76 84 08 | www.de-locos-tapas.com | 13–16 und 20–0 Uhr | €€€

ANTEQUERA 🏳️ E 4

41 800 Einwohner

Durch ihre Lage im Zentrum Andalusiens, inmitten eines fruchtbaren Tals, in dem sich die Wege der Provinzen Sevilla, Córdoba, Granada und Málaga kreuzen, war die Stadt Antequera über 2000 Jahre lang eine der wichtigsten Städte Andalusiens. Im 16. Jh., nach der Eroberung durch die Katholischen Könige, wurde Antequera durch die große Anzahl der hier ansässigen Kunsthandwerker zu einem der wichtigsten wirt-

schaftlichen Zentren Andalusiens, und auch im 20. Jh., als Andalusien im Rahmen der Demokratisierung Spaniens den Status einer autonomen Region erlangte, war Antequera sogar kurz als Landeshauptstadt im Gespräch.

SEHENSWERTES

Alcazaba de Antequera 🍴

Die Alcazaba von Antequera ist das wichtigste Bauwerk aus der Zeit der Araber. Die Festung hat einen rechteckigen Grundriss, und von ihren Türmen hat man einen zauberhaften Blick auf die Umgebung.

Alcazaba de Antequera | Tel. 9 51 70 07 37 | www.turismo.antequera.es | Mo–Fr 10–19, Sa, So 10.30–15 Uhr | Eintritt 6 € (inkl. Eintritt in die Stiftskirche Colegiata Santa María la Mayor)

Dolmen von Menga, Viera und Romeral 🍴

Zu Füßen der Stadt Antequera befindet sich ein spektakuläres Denkmal aus der Bronzezeit: einer der größten Dolmenkomplexe Europas. Der wichtigste dieser Dolmen ist mit einer Länge von 25 m der Dolmen von Menga (2500 v. Chr.).

Av de Málaga 1 (gemeinsamer Eingang für Dolmen von Menga und Viera) | Tel. 9 52 712 206 | www.turismo.antequera. es | Di–Sa 9–15.30, So und Feiertage 10–17 Uhr | Eintritt frei

El Torcal

Ein paar Kilometer von Antequera liegt diese interessante Felsformation, die durch die Erosion entstand.

Carretera 337 | Tel. 9 52 70 25 05 | www.torcaldeantequera.com | Besucherzentrum tgl. 10–19 Uhr

Der Torcal von Antequera (▶ S. 126) ist mit den bizarren, von der Erosion geformten Kalkstein-
figuren, Felstürmen und Wackelsteinen eine geologische Kuriosität.

Real Colegiata de Santa María la Mayor

Die Stiftskirche von Antequera wurde zwischen 1514 und 1550 erbaut und ist das erste Gotteshaus Andalusiens im Stile der Renaissance. Die Kirche besticht durch ihre Größe und die Schönheit der dekorativen Elemente in ihrem Inneren. Sie zählt zu den schönsten Kirchen des Landes.

Plaza de Santa María | Tel. 9 51 70 07 37 | www.turismo.antequera.es | Mo–Sa, 1. April–15. Sept. 10–19, 16. Sept.–31. März 10.30–17.30, So und Feiertage 10.30–15 Uhr | Eintritt 3 €

MUSEEN UND GALERIEN

Museo de Antequera

Zur interessanten Sammlung des städtischen Museums, das sich im wunderschönen Palacio de Nájera aus dem 18. Jh. befindet, gehört auch der Ephebe von Antequera, eine römische Skulptur aus dem 1. Jh. n. Chr., die zu den schönsten und kunstfertigsten Skulpturen zählt, die auf spanischem Gebiet gefunden wurden.

Plaza del Coso Viejo | Tel. 9 52 70 83 00 | www.turismo.antequera.es | Di–Fr 9.30–14 und 19–21, Sa, So 9.30–14 und 18–21 Uhr | Eintritt 3 €, So frei

GRANADA UND UMGEBUNG

Nicht ohne Grund prahlen die Bewohner der Provinz Granada damit, in einem der schönsten Gebiete der Iberischen Halbinsel zu leben, denn außer der attraktiven Hauptstadt Granada bietet die Provinz wunderbare Landschaften mit sehenswerten Orten.

Über Granada, der lebendigen Universitätsstadt, erhebt sich die Sierra Nevada, die höchste Bergkette der Iberischen Halbinsel, die zumeist ab Oktober schneebedeckt ist und ein wahres Paradies für Freunde des Wintersports darstellt. An den südlichen Hängen der Sierra Nevada versteckt sich das faszinierende Gebiet der **Alpujarras** ⭐, eine wunderschöne Landschaft mit kleinen Dörfern arabischen Ursprungs, die sich an die Berghänge schmiegen und die bis weit in das 20. Jh. hinein durch die Witterungsbedingungen den größten Teil des Jahres von der Außenwelt abgeschieden waren. Heute üben die Alpujarras eine magnetische Anziehungskraft auf Besucher aus aller Welt aus, die hier wieder den Einklang mit der Natur finden möchten. Zu den Einheimischen hat sich eine bunt gemischte, internationale Kolonie gesellt, die sich in vielen Fällen in alten Bauernhäusern, die oft liebevoll renoviert wurden, nieder-

◀ Die Alhambra (▶ S. 130) ist Spaniens berühmteste und schönste Palastanlage.

Córdoba und Jaén

Costa de la Luz

Sevilla

Granada und Umgebung

Almería und der Osten

Málaga und die Costa del Sol

gelassen hat. Wenige Kilometer in Richtung Süden erreicht man auch schon die Küste der Provinz Granada, die sogenannte Costa Tropical, und im Osten, um die Stadt Guadix herum, befindet sich eine sagenhafte Karstlandschaft, die schon die nahe Wüste von Tabernas in der Provinz Almería anzukündigen scheint.

GRANADA

239 000 Einwohnern
Stadtplan ▶ S. 131

Mit dem, was im Laufe der Zeit von Schriftstellern, Intellektuellen, Künstlern und Politikern über die Stadt Granada gesagt und geschrieben wurde, könnte man sicherlich mehrere Bände füllen. Henri Matisse sagte, dass Granada einen so berührt, dass alle Sinne miteinander verschwimmen. Hemingway, ein guter Kenner Spaniens, war der Meinung, dass, wenn man nur eine Stadt des Landes besuchen könne, diese unbedingt Granada sein sollte. Und bei seinem letzten Aufenthalt in Spanien befand der weit gereiste Bill Clinton den Sonnenuntergang in der Stadt für den schönsten der Welt. Die Stadt Granada ist von solcher Schönheit, dass man sich versucht fühlt, einfach dort zu bleiben, um immer das Privileg zu besitzen, den Kopf zu heben und die spektakuläre Alhambra zu bestaunen. Im Gegensatz zu anderen Städten mit großer touristischer Anziehungskraft wie Venedig oder Paris ist und bleibt Granada eine authentische Stadt voller Leben, wo die Einheimischen Tag für

Tag an ihren Sehenswürdigkeiten vorbeikommen und wo man noch durch die wunderschönen Straßen spazieren kann, ohne das Gefühl zu haben, durch eine Kulisse zu laufen. Die Stadt mit dem Auto oder den öffentlichen Verkehrsmitteln zu erkunden ist nicht zu empfehlen, da die Gassen der Altstadt ein wahres Labyrinth bilden und auch die Verkehrsführung mehr als chaotisch ist. Es ist weitaus besser, Granada zu Fuß zu besichtigen, bis man sich mit all den schönen Ecken der Stadt vertraut gemacht hat. Granada ist auch eine junge Stadt mit ca. 56 000 Studenten, die die Straßen mit guter Laune füllen und vor allem am Wochenende in der Stadt Partystimmung verbreiten. Ein Spaziergang durch Granada beginnt normalerweise auf der Plaza de la Catedral, führt weiter über den alten Markt Mercado de la Alcaicería und auf die Calle de los Reyes Católicos bis zur Plaza Nueva. Hier beginnt der Paseo del Darro, der auch unter dem Namen Paseo de los Tristes bekannt ist und wahrscheinlich eine der schönsten Straßen der Welt ist. Das kleine, malerische Flüsschen Darro fungiert hier als Grenze zwischen zwei Welten. Auf der einen Seite befindet sich die Alhambra, die enorme Festung der Nasriden-Herrscher, mit ihren uneinnehmbar scheinenden Mauern und den zauberhaften Palästen und Gärten im Inneren, und auf der anderen Seite ist man mitten im Stadtviertel Albaicín, das ebenso arabisch wie andalusisch ist, mit seinem labyrinthischen Gewirr schmaler Gassen, den traditionellen granadinischen Wohnhäusern »cármenes« mit ihren hohen Mauern und versteckten Gärten, mit Zypressen, Aussichtspunkten, hohen Kirchtürmen, Trinkwasserbrunnen, Wandgemälden, verlassenen Häusern, Kunsthandwerkern, Konventen, kleinen Plätzen, arabisch anmutenden Cafés (»teterías«) und Mauern, an denen Efeu und Bougainvilleen ranken. Im Albaicín wohnt eine bunte Mischung aus Reichen, Gaunern, schon immer hier ansässigen Familien, Künstlern und Bohemiens, Einwanderern aus islamischen Ländern, Studenten und Touristen. Alle leben hier auf engstem Raum mehr oder weniger friedlich zusammen und kämpfen gemeinsam dafür, dass das charmanteste Stadtviertel Andalusiens nicht nach und nach durch Immobilienspekulation zu einem Themenpark verkommt. Bis heute konnte der Albaicín durch dieselbe Ursache, die auch jahrzehntelang daran Schuld war, dass das Viertel fast verlassen war, seinen Charme bewahren: die dichte und vertikale Bauweise in den schmalen, steilen Gassen, die diesen Teil der Stadt so gut wie unzugänglich für motorisierte Fahrzeuge macht. Ein Spaziergang durch die Straßen bis hinauf zu den Höhlenwohnungen des Sacromonte,

die von einer der ältesten Gitano-Gemeinschaften Andalusiens bewohnt werden, ist eine Erfahrung, die man bestimmt nicht so schnell vergisst.

SEHENSWERTES

⭐ Alhambra

Karte ▶ S. 133

Die Alhambra wurde zwischen 1238 und 1391 als Residenz und Symbol der Dynastie der Nasriden erbaut. Die Nasriden herrschten bis 1498 über das Königreich von Granada. Von außen sieht man der Alhambra ihre militärische Funktion deutlich an. Ihre Mauern und Türme und vor allem der Torre de Homenaje, der herrliche Blicke über die Stadt bietet, lassen die Palastanlage als mächtige Festung erscheinen und verstecken die verspielten Gärten und Paläste, die als irdisches Paradies entworfen wurden. Im Inneren der Alhambra kommt man sich vor wie in einem Märchen aus Tausendundeiner Nacht, und die Paläste, Gärten, Brunnen und Bäder folgen einander in solcher Dichte, dass es scheint, als existiere das arabische Andalusien noch. Gegenüber der Alhambra befindet sich der Generalife, ein Palast mit weißen Wänden und zauberhaften Gärten, der den Monarchen als Rückzugsort diente. Die »Stadt« der Alhambra ist ein so komplexes und weitläufiges Monument und die arabischen Architekten und Baumeister waren so detailverliebt, dass es sich lohnt, für den Besuch einen Führer zu engagieren oder zumindest einen der Audioguides, die am Eingang erhältlich sind, auszuleihen. Die Eintrittskarten sollte man unbedingt schon einige Wochen vor dem Besuch online kaufen.

Calle Real de la Alhambra s/n | www.
alhambra-tickets.es | Sommer 8–20,
Winter 8.30–18 Uhr, nächtliche Besuche
im Sommer 22–23.30, im Winter 20–21.30
Uhr | Eintritt 14,30 €, ermäßigt 10.30 €

❶ Carmen de los Mártires

Seit den Zeiten der Araber gibt es in
Granada eine besondere und eigene
Art von Wohnhäusern, die als »cárme-
nes« (arab. »karm« – Weinrebe) be-

zeichnet werden. Diese Häuser liegen mitten in der Stadt und verfügen alle über zauberhafte Gärten mit Brunnen, Obstbäumen und Zypressen. Von fast allen »cármenes« bietet sich zudem ein traumhafter Ausblick auf die Alhambra. Einer der schönsten ist der Carmen de los Mártires, der sich im Inneren der Alhambra befindet und der von einer 7 ha großen Gartenanlage umgeben ist, in deren Mitte sich ein hübscher Palast befindet.

Paseo de los Mártires s/n | Tel. 9 58 22 79 53 | 15. März–14. Okt. Mo–Fr 10–14.30 und 16–18, Sa, So und Feiertage 10–18, 15. Okt.–14. März 10–14 und 16–18, Sa, So und Feiertage 10–18 Uhr | Eintritt frei

Cartuja de Nuestra Señora de la Asunción/Kartäuserkloster

▶ S. 131, nördl. d 1

Zusammen mit der Alhambra, der Kathedrale und den Stadtvierteln Albaicín und Sacromonte ist das Kartäuserkloster eine der wichtigsten Sehenswürdigkeiten der Stadt Granada. Der Bau begann schon 1506, zog sich aber bis in das 19. Jh. hinein und machte das Kloster zu einem der Höhepunkte des spanischen Barocks. Im Inneren sind der Kreuzgang und die Kuppel der Kapelle hervorzuheben.

Camino de Alfacar s/n | Tel. 9 58 16 19 32 | 15. März–14. Okt. 10–13 und 16–20, 15. Okt.–14. März 10–13 und 15–18 Uhr | Eintritt 4 €, ermäßigt 2,50 €

② Catedral

Auch wenn der erste Entwurf für die Kathedrale den Kriterien des gotischen Stils entsprach, verlieh der einflussreiche Architekt Diego de Siloé dem Bauwerk viele Elemente im Stil der Renaissance. Hervorzuheben sind die schöne Fassade und die Rundbögen und die Hauptkapelle mit rundem Grundriss. Der größte Schatz der Kathedrale ist aber die angeschlossene königliche Kapelle, in der die sterblichen Überreste der Katholischen Könige ruhen.

Calle Gran Vía de Colón 5 | Tel. 9 58 22 29 59 | www.catedraldegranada.com | 1. Nov.–31. März Mo–So 10.45–13.15 und 16–18.45, So 16–18.45, 1. April–31. Okt. nachmittags bis 19.45 Uhr geöffnet | Eintritt 4 €

③ Miradores (Aussichtspunkte)

Die Miradores des Albaicín, diese kleinen Plätze, die sich plötzlich öffnen und unglaubliche Blicke auf die Alhambra bieten, sind für sich alleine eine Sehenswürdigkeit. Abend für Abend versammeln sich hier Hunderte Menschen, um den Sonnenuntergang zu beobachten. Der bekannteste Aussichtspunkt ist der Mirador de San Nicolás, der Treffpunkt des gesamten Albaicíns. Zu empfehlen sind aber auch der Mirador auf der Plaza de Carvajales, auf dem nur wenige Touristen anzutreffen sind, und der Mirador neben der Iglesia de San Miguel Alto, dem höchsten Punkt der Stadt, von dem sich atemberaubende Aussichten bieten. Zur eigenen Sicherheit sollten Sie nachts aber nicht dorthin gehen.

Sonnenuntergang mit Blick auf die Alhambra　**11**

Die Sonnenuntergänge am Mirador de San Nicolás sollen die schönsten der Welt sein, sagen zumindest Bill und Hillary Clinton (▶ S. 15).

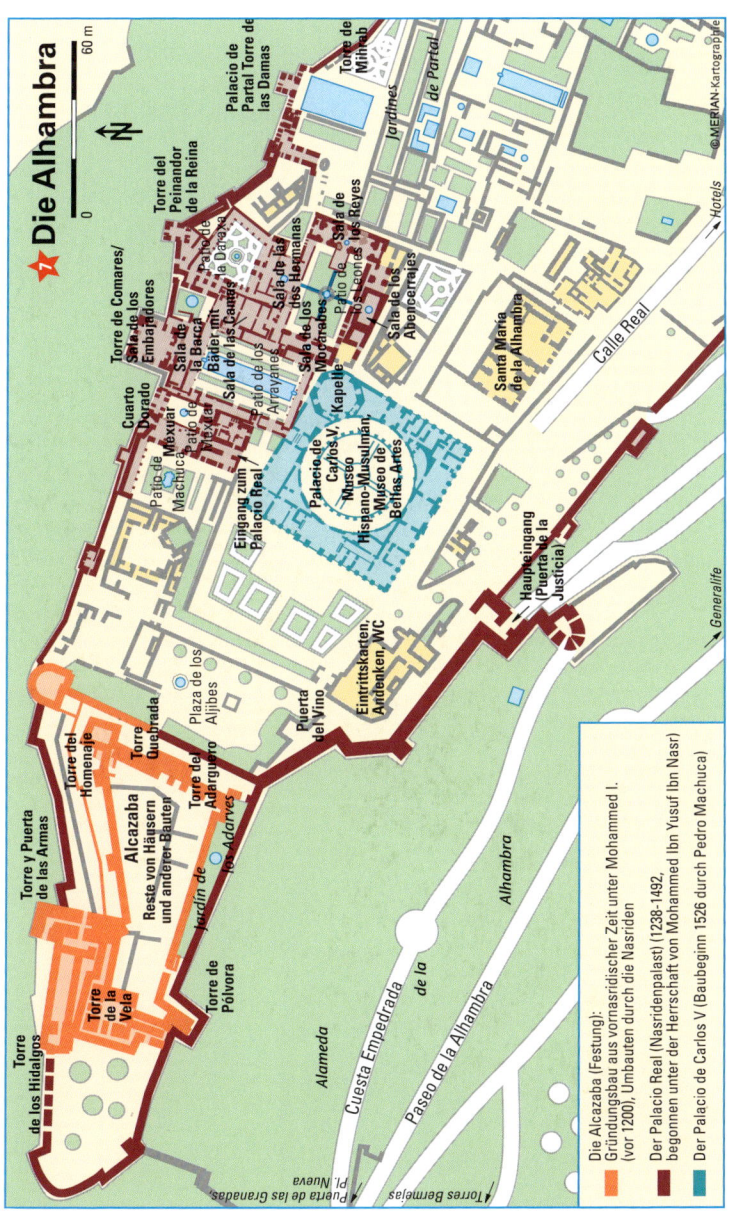

Die Alhambra

0 — 60 m

© MERIAN-Kartographie

Torre de Partal Torre de las Damas
Palacio de Partal
Torre de Mihrab
Jardines de Portal
Hotels
Calle Real
Torre del Peinandor de la Reina
Torre de Comares/ Sala de los Embajadores
Patio de la Daraxa
Sala de Tal dos Hermanas
Sala de los Reyes
Sala de la Barca
Baños mit Patio de las Camas
Patio de los Leones
Sala de los Mocárabes
Sala de los Abencerrajes
Sala de las Camas
Patio de los Arrayanes
Santa María de la Alhambra
Cuarto Dorado
Sala de Mexuar
Patio del Mexuar
Kapelle
Palacio de Carlos V. Museo Hispano-Musulmán, Museo de Bellas Artes
Patio de Machuca
Palacio de Machuca
Eingang zum Palacio Real
Torre de la Vela
Plaza de los Aljibes
Puerta del Vino
Eintrittskarten, Andenken, WC
Haupteingang Puerta de la Justicia
Generalife
Torre y Puerta de las Armas
Torre del Homenaje
Torre Quebrada
Alcazaba Reste von Häusern und anderer Bauten
Torre del Adarguero
Jardín de los Adarves
Torre de Pólvora
Torre de los Hidalgos
Alhambra
Alameda
Cuesta Empedrada
Paseo de la Alhambra
de la
Puerta de las Granadas
Pl. Nueva
Torres Bermejas

Die Alcazaba (Festung): Gründungsbau aus vornasridischer Zeit unter Mohammed I. (vor 1200), Umbauten durch die Nasriden

Der Palacio Real (Nasridenpalast) (1238–1492, begonnen unter der Herrschaft von Mohammed Ibn Yusuf Ibn Nasr)

Der Palacio de Carlos V (Baubeginn 1526 durch Pedro Machuca)

4 Monasterio de San Jerónimo

Auch wenn man dieses Kloster nicht in Gänze besichtigen kann, lohnt sich der Besuch alleine wegen des traumhaften Kreuzgangs mit zwei Galerien, dem barocken Altarbild und einem wunderbaren Innenhof. Auf der gegenüberliegenden Seite des Klosters befindet sich die Universität, die im 16. Jh. auf Befehl Karl V. gebaut wurde.

Calle Rector López Argueta 9 | Tel. 9 58 27 93 37 | 15. März–14. Okt. 10–13.30 und 16–17.30, 15. Okt.–14. März 10.30–13.30 und 15–18.30 Uhr | Eintritt 4 €

MUSEEN UND GALERIEN

Centro Cultural Memoria de Andalucía

▶ S. 131, südl. b 3

In Andalusien gibt es Dutzende Museen, aber bislang hat sich keines ausschließlich der Geschichte, den Traditionen, den Monumenten und den Naturgebieten Andalusiens gewidmet. Dies aber ist Sinn und Zweck des neuen Kulturzentrums Memoria de Andalucía.

Av de la Ciencia 2 | Tel. 9 58 22 22 57 | Di–Sa 9.30–14, Do-Sa 16–19, So und Feiertage 11–15, im Juli Mo–Sa 9–15, So und Feiertage 11–15 Uhr, Aug. geschl. | Eintritt 4 €, erm. 3 €

5 Museo de las Cuevas del Sacromonte

Nach der Eroberung der Katholischen Könige ließen sich die Araber und Juden, die aus der Stadt vertrieben wurden, zusammen mit der Gitano-Minderheit auf den Hängen in der Nähe des Albaicín nieder und begannen ihre neuen Behausungen in den Stein zu schlagen. Das Museo de la Cuevas del

Der gleich bei der Alhambra gelegene Carmen de los Mártires (▶ S. 131) liegt romantisch in einem Garten aus dem 19. Jh. und wird gerne für pompöse Hochzeiten benutzt.

Sacromonte ist der beste Ort, um diese Wohnform kennenzulernen, die hier auch heute noch existiert.

Barranco de los Negros s/n | Tel. 9 58 21 51 20 | www.sacromontegranada.com | 15. März–14. Okt. 10–20, 15. Okt.–14. März 10–18 Uhr | Eintritt 5 €

ÜBERNACHTEN

6 AC Palacio de Santa Paula ♟

Mit Schwimmbad – Granada ist eine Stadt, in der viele Hotels oft ausgebucht sind und es durchaus schwierig sein kann, ein Zimmer in einem der kleinen Hotels zu bekommen. Der Palacio de Santa Paula bietet seinen Gästen alle Vorzüge eines großen Hotels, ohne an Charme zu verlieren.

Calle Gran Vía de Colón 31 | Tel. 9 58 80 57 40 | www.palaciodesantapaula.com | 75 Zimmer | ♿ | €€€€

7 Carmen del Cobertizo ▸ S. 24

8 Carmen de la Alcubilla del Caracol

Typisch granadinisch – Wenn man einige Tage in Granada verbringen möchte, gibt es keine bessere Unterkunft als in einem »carmen«, einem der traditionellen Stadthäuser mit Garten und grandiosen Ausblicken. Die Zimmer dieses kleinen Hotels sind geräumig und charmant eingerichtet. Das Personal ist sehr aufmerksam.

Calle del Aire Alta 12 | Tel. 9 58 21 55 51 | www.alcubilladelcaracol.com | 7 Zimmer | ♿ | €€€

9 Gar-Anat Hotel Peregrinos ♟

Haus in historischem Gebäude – Das Haus gehört zu den hübschesten Hotels der Stadt und ist eine wahre Ruheoase

im Herzen der Altstadt. Die Zimmer des schönen Gebäudes aus dem 17. Jh. mit Patio sind alle unterschiedlich eingerichtet, und jeder Raum hat eine eigene Thematik.

Placeta de los Peregrinos 1 | Tel. 9 58 22 55 28 | www.hoteldeperegrinos.com | 15 Zimmer | ♿ | €€€

10 Hotel Granada Centro ♟

Ohne großen Luxus – Dieses Hotel ist ideal für diejenigen, die die Stadt erleben wollen und die meiste Zeit außerhalb des Hotels verbringen und nur zum Schlafen ins Hotel gehen. Die Zimmer sind geräumig und sauber.

Calle Navarrete 7 | Tel. 9 58 27 88 24 | www.hotelgranadacentro.com | 32 Zimmer | ♿ | €€

11 Santa Isabel la Real ♟

Mitten im Albaicín – Mit Blick auf die Alhambra zu frühstücken und ein letzter traumhafter Blick auf die Palastanlage vor dem Schlafengehen sind die Privilegien, die die Übernachtung im Hotel Santa Isabel la Real mit sich bringen. Das Hotel im Herzen des Albaicíns ist in einem spektakulären Gebäude aus dem 16. Jh. untergebracht und verfügt über eine geschmackvolle Einrichtung.

Calle de Santa Isabel La Real 15 | Tel. 9 58 29 46 58 | www.hotelsantaisabellareal.com | 11 Zimmer | €€€

ESSEN UND TRINKEN

RESTAURANTS

Casa Isla ▸ S. 29   ▸ S. 131, nördl. a 1

12 Casa Julio ♟

Beliebt bei Einheimischen – Die traditionelle Taverne befindet sich im Zentrum der Stadt auf der Plaza Nueva und ist einer der Orte, der beim »tapeo« der Granadiner nicht fehlen darf. Die beliebtesten Gerichte sind »gazpacho« und »pescaíto frito«. Die Taverne ist fast immer sehr gut besucht, was auch einen großen Teil ihres Charmes ausmacht.

Calle Hermosa (Plaza Nueva) | Mo–So 13–16 und 21–1 Uhr | €€

⑬ Om-Kalsum ♟

Orientalisches Flair – In einer Stadt mit arabischen Wurzeln wie Granada ist es nicht verwunderlich, Restaurants mit nordafrikanischer Küche zu finden. Die Besitzer des Restaurants stammen aus Marokko und bieten auf ihrer Speisekarte die besten Gerichte ihres Heimatlandes an. Wie in allen guten Bars der Stadt sollte man möglichst früh dort sein, um einen Tisch zu bekommen.

Calle Jardines 17 | Mo–So 13–16 und 19–0 Uhr | €–€€

⑭ Restaurante El Trillo ♟

Im Herzen des Albaicíns – Wenn man einen ruhigen und romantischen Abend verbringen möchte, ist dieses Restaurant der richtige Ort. Bei gutem Wetter kann man auf der wunderbaren Terrasse sitzen und die Aussicht genie-

ßen. Zu empfehlen sind die Gemüsegerichte und die Fleischgerichte vom Iberischen Schwein. Da sich das Restaurant mitten im labyrinthischen Stadtviertel Albaicín befindet, ist es etwas schwer zu finden, aber ein Besuch lohnt sich auf jeden Fall.

Callejón Algibe de Trillo 3 | Tel. 9 58 22 51 82 | www.eltrillorestaurante.com | Mo–So 13–16 und 19–23 Uhr | €€€

BARS

⑮ Babel World Fusion ♟

Vegetarische Tapas – Das Problem mit der Gratis-Tapa ist oft, dass es sich um schnelle Küche von minderer Qualität handelt. Nicht aber in dieser Bar, wo es eine große Auswahl an vegetarischen Gerichten aus aller Welt gibt.

Calle de Elvira 41 | Tel. 9 58 22 78 96 | Mo–So 12.30–16.30 und 19.30–2 Uhr. Im Winter durchgehend geöffnet. | €–€€

⑯ Taberna el 22 ♟

Sehr gute Tapas – Über die Bars und Kneipen von Granada (die Restaurants ausgenommen) muss man eines wissen: Mit jedem Getränk, das man bestellt, bekommt man eine Tapa umsonst. Manchmal sind die Tapas so großzügig, dass es gar nicht nötig ist, noch etwas zu bestellen. Die Taberna el 22 ist ein Ort, wo aus der Gratis-Tapa ein kleines Kunstwerk gemacht wird.

Cuesta de San Gregorio 5 | Tel. mobil 6 49 11 50 68 | Mo 13–23.30, Di–Do 13–00.30, Fr–Sa 13–1.30, So 13–0.30 Uhr | €€

CAFÉS

⑰ Tetería Alfaguara ♟

Tee aus Tausendundeiner Nacht – Zu den festen Ritualen in Granada gehört

Gastronomisches Erlebnis

Machen Sie doch einmal eine Tapa-Tour wie die Einheimischen durch die lokalen Bars und Tavernen! Lassen Sie sich überraschen und genießen Sie (▸ S. 15).

In der Straße der »teterías«, der Straße der Teehäuser (▶ S. 136), kann man auch arabische Stoffe und Teppische erwerben.

ein Spaziergang durch die Calle de la Calderería Nueva, die auch die Straße der »teterías« genannt wird. Hier kann man einen leckeren Tee und arabisches Gebäck genießen. Die Tetería Alfaguara ist eine der bekanntesten der Stadt, auch wenn es in Wirklichkeit keinen allzu großen Unterschied zwischen den einzelnen »teterías« gibt. Das Wichtige ist, einen Sitzplatz in einer von ihnen zu ergattern.

Calle de la Calderería Nueva 7 | Tel. 9 58 22 91 70 | www.teteriaalfaguara. es | Mo–Do 16–23, Fr 16–14, Sa und So 13–24 Uhr

EINKAUFEN

⑱ Cerámica de Fajalauza

Bis vor einigen Jahrzehnten gab es im Albaicín noch viele Familien, die ihren Lebensunterhalt mit der Herstellung von Töpferwaren und Keramik bestritten. Die sogenannte Keramik von Fajalauza wird ausschließlich in Granada hergestellt und zeichnet sich durch die bunten Farben und geometrischen Muster aus. Heute gibt es nur noch zwei Töpfereien, die die Stücke herstellen.

Carretera de Murcia 15 | Tel. 9 58 28 13 91 | www.fajalauza.com | Mo–Fr 9–18.30, Sa 9–14 Uhr

⑲ Especias Barranco

Einer der Hauptpfeiler der arabischen Küche sind die vielen Gewürze. In diesem Geschäft findet man zu sehr guten Preisen Salbei, Rosmarin, Lorbeer oder Zimt, die – wieder zurück zu Hause – den nach den mitgebrachten Rezepten gekochten Gerichten den Geschmack des Urlaubs verleihen. Man findet hier auch Tees oder Gewürze, die man dem klassischen Gin-Tonic beigibt und ihn so zu einem Modegetränk macht.

Calle Puentezuelas 26 Bajo | Tel. mobil 6 07 26 24 29 | www.especiasbarranco. com | Mo–Sa 10.20–14 und 17.30–20.45 Uhr

KULTUR UND UNTERHALTUNG

⑳ Café la Tertulia

Nah am Stadtzentrum gelegen, bietet das schöne Café la Tertulia ein gutes Programm für den abendlichen Besuch eines Konzerts. Das Programm kann auf der gut gepflegten Website eingesehen werden.

Calle Pintor López Mezquita 3 | Tel. 9 58 29 17 96 | www.tertuliagranada.com | Öffnungszeiten je nach Programm

㉑ Le chien andalou

In einer Stadt der »zambras« – so nannten die Gitanos die Flamencofeste im Stadtteil Albaicín – ist ein Flamencokonzert ein Muss. Im Café-Pub Le chien andalou, der sich im Stadtzentrum befindet, gibt es täglich Konzerte von guter Qualität.

Carrera del Darro 7 | Tel. mobil 6 17 10 66 23 | www.facebook.com/pages/ CAFE-PUB-LE-CHIEN-ANDALOU/ 131232742897 | Mo–Do 16–3, Fr–So 16–4 Uhr

Guadix (▶ S. 140) ist für seine Höhlenwohnungen im Barrio de las Cuevas bekannt. Die Wohnungen fallen besonders durch die weiß getünchten Fassaden und Schornsteine auf.

SERVICE

AUSKUNFT

Fremdenverkehrsamt   ▶ S. 131, b 3

Plaza de Mariana Pineda, 10 | Tel. 9 58 24 71 28 | www.turismodegranada.org | Mo–Fr 9–20, Sa 10–19, So und Feiertage 10–15 Uhr

ZIELE IN DER UMGEBUNG

◎ ALHAMA DE GRANADA   ⚑ F 4

6200 Einwohner

Alhama de Granada ist einer der malerischsten und schönsten Orte der Provinz von Granada. Allein der Weg dorthin durch die Weiden und Hügel des Naturparks der Sierras de Tejera, Almijara und Alhama lohnt sich. Die leuchtend weiße Altstadt, in deren Zentrum die Burg und die gotisch-barocke Kirche Iglesia Mayor de la Encarnación, die einst die Katholischen Könige errichten ließen, zu finden sind, endet an einer tiefen Schlucht, die der Fluss Alhama in den Kalkstein gegraben hat und der Stadt ihr spektakuläres Stadtbild verleiht. In der Tiefe der Schlucht befinden sich zahlreiche historische Mühlen und auch einer der schönsten Wanderwege der Region, der sich entlang des glasklaren Flusses windet.

59 km südwestl. von Granada

ÜBERNACHTEN

Balneario de Alhama

Heilwasser und Ruhe – Die Gegend von Alhama (arab.: Bad) war schon in der Antike für ihr medizinisches Mineralwasser bekannt. Die Thermalquellen haben eine Temperatur von bis zu 47 °C. Das Wasser soll gegen Depressionen, Stress, Arthritis, Rheuma und Asthma helfen. Das Balneario de Alhama befindet sich nur wenige Kilometer vom Ort entfernt und eignet sich bestens dazu, die Heilkräfte dieses Wassers inmitten von unberührter Natur zu genießen. Obwohl die letzte Renovierung einige Jahre her ist, ist das Hotel immer noch sehr gepflegt und sauber. Das Personal ist sehr zuvorkommend. Dieser Ort eignet sich für alle, die sich einfach mal richtig und gründlich entspannen wollen.

Carretera del Balneario s/n | Tel. 9 58 35 00 11 | www.balnearioalhamadegranada. com | 107 Zimmer | ♿ | €€

◎ FUENTE VAQUEROS   ⚑ F 4

4200 Einwohner

Fuente Vaqueros wird meist nur La Fuente genannt. Es ist der Geburtsort des Dichters Federico García Lorca (1898-1936) und das Dorf, welches die Vega de Granada am besten repräsentiert. Nur wenige Kilometer von der Stadt entfernt erstreckt sich die fruchtbare Landschaft über die Ebenen des Flusses: Gemüsegärten, Pappelhaine und Tabakplantagen, die durchkreuzt werden von Bewässerungsgräben, künstlichen Kanälen und verschiedenen kleineren Bächen. Schon zu Zeiten der Araber galt die Gegend als Kornkammer Granadas und ist heute eines der größten landwirtschaftlichen Anbaugebiete Spaniens. Auch wenn viele Orte der Vega durch die Immobilienspekulation teilweise Trabantenstädten ähneln, findet man in den abgeschiedenen Winkeln immer noch die gleiche grüne, frische Landschaft mit dem sanften Säuseln der Bäche, die Federico García Lorca zu seinen Werken inspiriert hat.

20 km westl. von Granada

SEHENSWÜRDIGKEITEN
Casa-Museo Federico García Lorca

Federico García Lorca ist nicht nur einer der bekanntesten Dichter der spanischen Sprache, sondern auch ein Symbol für Freiheit und Demokratie. Er starb in jungen Jahren während des Bürgerkriegs, erschossen von Faschisten. Ein Besuch in seinem Geburtshaus ist die beste Art, ihm die Ehre zu erweisen und die gewaltige Bildhaftigkeit seiner Poesie zu verstehen.

Calle del Poeta Federico García Lorca 4 | Tel. 9 58 51 64 53 | Di–So 10–13 und 16–18 Uhr (Öffnungszeiten je nach Jahreszeit unterschiedlich) Mo, So, Feiertage geschl., Juli, Aug. nachmittags geschl. | Eintritt 1,80 €

ESSEN UND TRINKEN
Bar Ochoa

Lieblingsbar der Einheimischen – Die Bar Ochoa ist eine dieser Tavernen, die in keinem Dorf in Andalusien fehlen dürfen. Es ist ein schlichtes, aber dennoch herzliches Lokal, dessen gute Preise und eine großzügige Auswahl an Tapas für sich sprechen.

Plaza de San Sebastian s/n | Tel. mobil 6 15 59 64 20 | www.facebook.com/pages/Casa-Ochoa-Tertulia-Bar | tgl. 12–1 Uhr | €€

◎ GUADIX 🚩 G 4
19 000 Einwohner

Der Weg über die Autobahn A92 nach Guadix bietet beeindruckende Aussichten auf die schroffen Nordhänge der Sierra Nevada. Alternativ kann die Landstraße A337 durch die Alpujarras gewählt werden. Die Strecke führt vom Süden nach Norden über den Ragua-Pass und gilt als eine der schönsten und unvergesslichsten in Andalusien. Im Winter ist jedoch von dieser Strecke abzuraten. Guadix eignet sich für einen Tagesausflug. Die historische Altstadt ist übersät mit Adelspalästen, Kirchen und Klöstern, sie besitzt eine aparte Schönheit, die die Pracht, den Wohlstand und auch den Niedergang der Stadt im Laufe der bewegten Geschichte widerspiegelt. Ihre steilen Straßen führen zu der Festung, welche in der Abenddämmerung geradezu mystisch wirkt. Am anderen Ende der Stadt lohnt sich ein Spaziergang durch das Barrio de las Cuevas (Höhlenviertel).

54 km östl. von Granada

SEHENSWERTES
Catedral de Guadix

Guadix und seine Kathedrale sind einer der ältesten Bischofssitze Spaniens. Obwohl der Barock überwiegt, ist es ein Gebäude von großer Komplexität und Schönheit, in welchem durch die lange Bauzeit auch Elemente der Gotik, Renaissance, Manierismus und Neoklassizismus zu finden sind.

Plaza de la Catedral s/n | Tel. 9 58 66 28 04 | www.catedraldeguadix.es | Mo–Sa 10.30–14 und 16.30–18, So 17–19 Uhr | Eintritt 5 €

ÜBERNACHTEN
Hotel Abentofail

Kürzlich renoviert – Das historische Haus im Mudéjar-Stil liegt zentral. Dieses typisch andalusische Hotel verfügt über ein außerordentliches Preis-Leistungs-Verhältnis und sehr gemütlich und hübsch eingerichtete Zimmer.

Calle Abentofail s/n | Tel. 9 58 66 9281 | www.hotelabentofail.com | 16 Zimmer | ♿ | €€€

◎ MONTEFRÍO ⚓ F 4

6000 Einwohner

Montefrío ist eines der Schmuckstücke der Provinz. Über dem Dorf ragt auf dem Felsen die Burg empor, die zu den beliebtesten und schönsten Fotomotiven Andalusiens gehört. Am Fuß der Burg erstreckt sich das weiß getünchte Dorf, dessen Häuser sich an den Abhang zu stützen scheinen, um das Gleichgewicht zu halten. Die Straßen führen im Zickzackkurs zur Iglesia de la Encarnación, die einen weiteren großartigen Anblick bietet. Es handelt sich um eine Kirche von enormen Dimensionen, deren runde Kuppel ins Auge sticht. In der Umgebung des Dorfes lohnt sich ein Abstecher in das Naturschutzgebiet Peña de los Gitanos mit seinen Schluchten, Kalksteinfelsen und Steineichen, in dem schon die Menschen der Jungsteinzeit Unterschlupf fanden. Hier befinden sich zudem etwa hundert megalithische Grabstätten, von denen manche Dolmen von beeindruckender Größe aufweisen.

50 km nordwestl. von Granada

ÜBERNACHTEN

Cortijo la Fe ♿

Oase der Ruhe – Der Cortijo de la Fe ist ein kleines, von Olivenbäumen umgebenes Paradies mit einer wundervollen, von Weinreben bedeckten Terrasse und einem Restaurant, in dem man schmackhafte Gerichte genießen kann. Darüber hinaus verfügt dieses Hotel über einen Swimmingpool und ein schönes arabisches Bad.

Solana de Covaleda | Montefrío | Tel. mobil 6 39 721 740 | www.cortijolafe. com/de | 7 Zimmer | ♿ | €€€

In den Alpujarras (▶ S. 142) mit den vielen kleinen Dörfern erfolgt die mühsame landwirtschaftliche Nutzung durch Terrassenfelder. Die Landschaft ist atemberaubend und grün.

LAS ALPUJARRAS ⭐8 🥾 G 4/5

Es bestehen Zweifel über den Ursprung des Wortes Alpujarra, aber auf jeden Fall beruhen viele der aufgestellten Theorien auf dem Charakter der atemberaubenden Landschaft, einer der schönsten und interessantesten in Andalusien: Für die einen kommt das Wort Alpujarra vom arabischen Wort »al-busherat«, was Weideland bedeutet; für die anderen stammt der heutige Name der Region vom arabischen Wort »abuxarra« ab, das »unbezwingbar« oder »Streitsucht« bedeutet. Die bezieht sich auf die Morisken, die sich während der Reconquista hierher zurückzogen und gegen die kastilische Unterdrückung Widerstand leisteten (Guerra de las Apujarras 1568–1571). Die Alpujarras sind heute ein grünes Paradies, mit hohen Bergen und unzugänglichen Tälern, wo noch bis zu Beginn des 18. Jh. in der Sprache, den Traditionen, der Architektur oder der Landwirtschaft ein starkes Band zur arabischen Vergangenheit bestand. Um in die Alpujarras zu gelangen, muss man durch den Kurort Lanjarón fahren und einer kurvigen Straße folgen, die bis zu den Hängen der Sierra Nevada aufsteigt und die Gebirgskette bis zur Provinz Almería durchquert. Ihr atemberaubendes Landschaftsbild verdankt die Region den Bergen, steilen Tälern und tiefen Schluchten, die bis zum Tal des Flusses Guadalfeo reichen, der das Gebiet im Süden begrenzt. Jahrhundertelang waren hier nur Viehzucht und eine notdürftige Landwirtschaft, die gerade einmal den Lebensunterhalt der Bewohner sicherte, möglich. Dadurch wurde aber die wunderschöne

Der Ort Yegen in den Alpujarras (▶ S. 142) liegt zwei Stunden von Grenada entfernt fernab der Touristenströme. Hier lebte der britische Autor Gerald Brenan von 1920 bis 1934.

Landschaft von Terrassenfeldern, die man heutzutage in vielen Gebieten sehen kann, geformt. Neben den typischen kargen Büschen und Pflanzen dieser Höhenlage findet man hier eine üppige Vegetation von Oliven-, Mandel-, Feigen-, Apfel-, Walnuss-, Kastanien- und Kakibäumen. Darüber hinaus bescheren das milde Klima und das Gebirgswasser den Alpujarras einen zauberhaften Frühling, der auf der Iberischen Halbinsel seinesgleichen sucht.

🕐 Frühling und Herbst sind ideal für Wanderungen. Im April und Mai leuchten die grünen Wiesen, im Oktober beeindruckt die Laubfärbung.

SEHENSWERTES

Viele Touristen kommen nur bis Lanjarón oder Orgiva, die zwei größten Orte der Region, während die schönsten Dörfer (Capileira, Campanera, Trevelz oder Bubión) meist vernachlässigt werden. Sie befinden sich in der Alpujarra Alta und laden zu unvergesslichen Wanderungen ein. Wer die wahren Alpujarras entdecken möchte, sollte bis zu den Dörfern Mecina-Bombaron, Cadiar oder Yegen vordringen. Um nähere Informationen zu erhalten, empfiehlt sich der Besuch der offiziellen Internetseite: www.alpujarravalle.es

ÜBERNACHTEN

El Castañar Nazarí

Familiäres Ambiente – Dieses kleine, traumhafte Hotel befindet sich inmitten der Berge. Es ist geschmackvoll eingerichtet, und die Besitzer pflegen einen aufmerksamen Umgang mit jedem ihrer Gäste. Es bietet einen herrlichen Ausblick auf die Berge, und die Gartenanlage ist ideal zum Entspannen.

Busquistar | Carretera 4132, km 40 | Tel. 9 58 34 36 13 und mobil 6 09 14 88 29 | www.castanarnazari.com | 5 Zimmer | ♿ | €€€

El Cielo de Cáñar 🚹🚺

Erholung für Auge und Seele – El Cielo de Cáñar ist ein bezauberndes Landhotel, das sich so harmonisch in die Landschaft einfügt, dass man den Eindruck bekommt, das Hotel sei schon immer da gewesen.

Cáñar | Llano Manzano s/n | Tel. 9 58 95 30 15 | www.elcielodecanar.com | 4 Zimmer | ♿ | €€€

ESSEN UND TRINKEN

Restaurante Casa Julio 🚹🚺

Die wahre Küche der Alpujarras – Pampaneira ist eines der entzückendsten Dörfer der Alpujarra und Casa Julio einer der kulinarischen Tempel der Region. Besonders empfehlenswert sind »migas« (einfaches Bauernessen) und der »choto almendrado« (Zicklein mit Mandelsauce).

Pampaneira | Av de La Alpujarra 9 | 958 76 33 22 | www.casa-julio.com | €€–€€€

Restaurante La Fragua

Historische Rezepte – La Fragua in Trevelez ist ein seit Jahrzehnten bestehendes Restaurant, das die landestypischen kulinarischen Gaumenfreuden serviert.

Trevélez | San Antonio 4 | Tel. 958 85 85 73 | www.hotellafragua.com | tgl. 12–16 und 20–22.30 Uhr, Jan. geschl. | €€–€€€

EINKAUFEN

Jarapa Hilacar ▸ S. 37

ALMERÍA UND DER OSTEN

Zwischen Almuñecar, dem ersten größeren Badeort an der Costa Tropical, und San Juan de los Terreros gibt es eine große Anzahl von Küstenorten, traumhaften Stränden und Buchten, die vom Massentourismus verschont geblieben sind.

Die Küste der Provinzen Granada und Almería hat sich bislang noch nicht zu einem internationalen Ferienziel gewandelt, und obwohl einige Orte in den letzten Jahren ein großes Wachstum erfahren haben, konnten sich vor allem die kleineren Orte das typische Flair eines Fischerdorfes bewahren. Besonders östlich von Motril bis nach Almería findet man noch viele Kilometer Küste, die mit kleinen Dörfern und hübschen Feriensiedlungen gesprenkelt sind. Auch wenn die Küsten von Granada und Almería geografisch sehr nahe nebeneinanderliegen, haben sie doch einen sehr unterschiedlichen Charakter. Die Küste von Granada war der Zugang zum Meer des Königreiches von Granada und erlaubte es den Herrschern der Alhambra, wirtschaftliche Beziehungen zum nahen Nordafrika zu unterhalten. Sie verfügt über ein so mildes Klima, dass hier tropische Früchte wie Avocados, Mangos oder Cherimoyas angebaut

◄ An der Costa Tropical gibt es viele schöne Küstenorte wie La Herradura (▶ S. 145).

werden können. Hier ist es so warm, dass auch im Winter Wassersport möglich ist, so kam die Gegend auch zu ihrem Namen: Costa Tropical. Die Provinz Almería ist eine der trockensten Zonen Andalusiens, und ihre wunderschönen und paradiesischen Strände, von denen die herrlichsten im Naturpark Cabo de Gata zu finden sind, sind die Ausläufer der mysteriösen und anziehenden Karstlandschaft der Wüste von Tabernas.

MOTRIL UND DIE COSTA TROPICAL ◢ G 5

61 000 Einwohner

Motril war schon immer der wichtigste Ort der Küste Granadas, und auch heute noch ist es das administrative und wirtschaftliche Zentrum der Gegend. Das Städtchen befindet sich nur 5 km von der Küste entfernt inmitten der fruchtbaren Ebene, die der Fluss Guadalhorce auf seinen letzten Metern vor der Mündung ins Meer in die steile Küstenlandschaft gegraben hat, und wird von der nahen Sierra de Lújar vor den kalten Winden der Sierra Nevada geschützt. Durch diese besondere Lage entsteht ein einzigartiges Mikroklima mit einer mittleren Jahrestemperatur von 19 °C, ohne Frost und mit einer enormen Anzahl an Sonnentagen. Diese Wetterbedingungen machten Motril schon im 15. Jh. zu einem beliebten Ziel für die Sommerfrische der islamischen Herrscher Granadas und erlaubten die Entwicklung einer Landwirtschaft, wie sie sonst nur in wärmeren Ländern möglich ist. Schon seit dem 10. Jh. wurde hier Zuckerrohr angebaut, und dank

des Anbaus tropischer Früchte erlebte die lokale Landwirtschaft einen großen Aufschwung in den letzten Jahrzehnten. Seit Beginn des 21. Jh. erlebt Motril ein nie dagewesenes demografisches Wachstum. Die 15 000 Einwohner im Jahr 2000 haben sich bis heute vervierfacht, und dies ist auch einer der Gründe, warum es in der Altstadt Motrils heute fast nur noch Neubauten zu sehen gibt, die genügend Platz für die neuen Einwohner bieten. In der näheren Umgebung, in einem Umkreis von nur etwa 20 km, gibt es jedoch viele Küstenorte wie La Herradura, Almuñecar, Salobreña, Torrenueva oder Castel de Ferro, die alle wunderbare Ausgangspunkte darstellen, um die Strände und Landschaften der Gegend kennenzulernen. Besonders erwähnenswert ist der hübsche Ort Salobreña. Auch ein Ausflug in das Hinterland der Costa Tropical lohnt sich. In den nahen Sierras verstecken sich noch jede Menge authentische Orte wie Lobres, Güajar Faragüit, Velez de Banaudalla, Lújar oder Rubite, in denen die Zeit stehen geblieben zu sein scheint.

SEHENSWERTES

Cabo de Sacratif

Nur einige Kilometer von Motril entfernt, neben dem Ort Torrenueva, befindet sich der Cabo de Sacratif, ein Kap mit schroffen Klippen, einem hübschen Leuchtturm und einer zauberhaften Aussicht über das Mittelmeer. Der nahe Strand Playa de la Joya eignet sich hervorragend für einen Badeausflug oder ein gemütliches Picknick. Im Sommer ist der Strand bei Nudisten sehr beliebt.

Carretera N-340 (hinter dem Ort Torrenueva, 8,6 km von Motril entfernt)

Castillo de San Miguel, Almuñecar 👤

Die ehemalige Festungsstadt Almuñecar zählt zusammen mit Motril zu den wichtigsten Orten der Region. Bei einem Spaziergang durch die Altstadt erreicht man die Burg Castillo de San Miguel, die über der Stadt und dem Meer thront und zu den am besten erhaltenen Festungen der andalusischen Küste zählt. Heute beherbergt sie das städtische Museum.

Almuñecar | Barrio de San Miguel | Tel. 9 58 63 11 25 und mobil 6 50 02 75 84 | www.almunecar.info | Di–Sa 10.30–13.30, So 13.30–16 Uhr, nachmittags je nach Jahreszeit unterschiedliche Öffnungszeiten | Eintritt 2,20 €

Salobreña, Altstadt und Burg

Salobreña ist ohne Zweifel der hübscheste Ort der Costa Tropical. Die engen Gassen der Altstadt mit ihren weißen Häuschen führen von der Ebene bis hinauf zu den Mauern der Burg, einer Festung, die im 15. Jh. auch als königliche Residenz diente und von der man einen traumhaften Ausblick auf die Ebene und das Mittelmeer genießt.

Salobreña | Tel. 9 58 61 27 33 | www. ayto-salobrena.es | Mo–So 9.30–13.30 und 16.15–17.45 Uhr | Eintritt 3,45 €

ÜBERNACHTEN

Casa de los Bates 👤

Romantisch – Das Hotel ist in einem enormen Herrenhaus aus dem 19. Jh. untergebracht und umgeben von einer zauberhaften Gartenanlage. Ohne Zweifel die charmanteste Unterkunft der Costa Tropical!

Carretera Nacional 340, km 329,5 | Motril | Tel. 9 58 34 94 95 | www.casadelosbates.com | 5 Zimmer | €€€

ESSEN UND TRINKEN

RESTAURANTS

Casa Vallejo 👤

Eines der ältesten Lokale Motrils – Das Lokal zählt seit vielen Jahren zu den beliebtesten Restaurants Motrils. Auf der Karte findet man eine große Anzahl köstlicher Tapas, und mittags wird echte Hausmannskost serviert.

Calle Nueva 33 | Motril | Tel. 9 58 60 00 10 | Mo–Sa 10–16 und 19–0 Uhr | €€

Restaurante By Larius

Regionale Produkte – Die Köche des By Larius haben sich von den bunten Gärten der Costa Tropical inspirieren lassen und eine schöne Speisekarte mit vielen Gemüsegerichten und frischen Salaten erstellt, die meist als Beilage zu den qualitativ hochwertigen Fisch- und Fleischgerichten dienen.

Paseo de Velilla 9 | Almuñecar | Tel. 9 58 63 93 58 | www.bylarius.com | Di–Sa 13–16 und 19.30–23, Mo, So 19.30–23 Uhr | €€€

Restaurante Casa Emilio 🛉🛉

Direkt am Strand – Das Restaurant serviert frischen Fisch und köstliche Salate zu besten Preisen. Das Personal ist sehr aufmerksam und liebenswürdig. Unbedingt probieren sollte man »ensalada tropical«, einen Salat mit tropischen Früchten der Region.

Calle Paseo Marítimo 5 | Tel. 9 58 34 94 32 | Mo–So 9–0 Uhr | €€

EINKAUFEN

Ron Montero

Auch wenn schon seit einigen Jahren kein Zuckerrohr mehr an der Costa Tropical angebaut wird, ist der Rum der Bodega Montero, der natürlich mit Zuckerrohr hergestellt wird, immer noch Zeuge einer landwirtschaftlichen Tradition mit mehr als 1000 Jahren Geschichte. Dieser Rum ist ein wahres Qualitätsprodukt und außerhalb der Provinz Granada kaum zu bekommen.

Camino de la Vía s/n | Motril | Tel. 9 58 60 01 83 | www.ronmontero.com | Mo–Fr 9–14 und 15.30–18.30, gratis Bodegabesuch ab 12 Uhr

ALMERÍA

190 000 Einwohner
Stadtplan ▶ S. 149

Almería war im Laufe der Geschichte immer eine Stadt, die ein ständiges Wechselspiel aus Zeiten des Wohlstandes und des Niedergangs erlebte. Schon im 10. Jh. als Festung gegründet, um die Küste vor Angriffen von Piraten zu schützen, wurde Almería bald zum wichtigsten Hafen von al-Ándalus. Eine Stellung, die der Stadt bis zur christlichen Eroberung erhalten blieb. In den Jahrhunderten nach der Erobe-

Eine schöne Strandpromenade wie hier in Puerto de Garrucha an der Costa Tropical (▶ S. 145), dazu ein großer Jachthafen, das zieht Touristen aus ganz Europa an.

rung wurde die ehemals wichtige Stadt fast vergessen und erlangte erst im 19. Jh. wieder Macht und Reichtum durch den Export von Rohstoffen aus den nahen Minen und der Ohanestrauben, die hier mit großem Erfolg angebaut wurden. Als zu Beginn des 20. Jh. beide Wirtschaftszweige nicht mehr rentabel wurden, verfiel Almería wieder in seinen alten Trott, bis vor einigen Jahrzehnten eine neue Blütezeit begann. Heute ist vor allen die nahe Region El Ejido für ihre intensive Landwirtschaft unter Plastikzelten bekannt, und ein großer Teil des Gemüses in unseren heimischen Supermärkten stammt von hier. Durch den neuen Aufschwung hat sich die Altstadt verjüngt, und die Straßen rund um die Kathedrale füllen sich mit schicken Bars und Restaurants, während in anderen Stadtvierteln immer noch die Spuren der Armut sichtbar sind und teilweise soziale Probleme zunehmen, da natürlich nicht alle Einwohner am plötzlichen Reichtum beteiligt sind und auch die Arbeiter im »Plastikmeer« teilweise regelrecht ausgebeutet werden. Nichtsdestotrotz ist Almería eine lebendige Stadt mit einem besonders animierten Nachtleben. Es macht großen Spaß, die versteckten Winkel der bis zur Alcazaba aufsteigenden Altstadt zu erkunden.

SEHENSWERTES

① Alcazaba de Almería 👫

Die Alcazaba von Almería und die Mauern, die den Stadthügel San Cristobal befestigen, stellen das größte arabische Bauwerk der Iberischen Halbinsel dar. Etwa 20 000 Menschen konnten hier Zuflucht finden. Die Ausgrabungen im Inneren der Alcazaba zeigen,

wie das Leben in der Festung zu ihrer Blütezeit ausgesehen hat.

Calle Almanzor s/n | Tel. 9 50 17 55 00 | www.museosdeandalucia.es | Di–Sa 9 –15.30, So und Feiertage 10–17 Uhr, nachmittags Öffnungszeiten je nach Jahreszeit unterschiedlich | Eintritt EU-Bürger frei, sonst 1,50 €

② Catedral

Die Kathedrale von Almería wurde im 16. Jh. als Festung erbaut, um das Gotteshaus und seine Schätze vor Piraten zu schützen. Im Inneren beeindrucken der barocke Hauptaltar und das Chorgestühl aus Walnussholz.

Plaza de la Catedral s/n | Tel. 9 50 23 48 48 | www.andalucia.org | Mo–Fr 10–17, Sa 10–13 Uhr | Eintritt 2 €

MUSEEN UND GALERIEN

③ Museo de Almería

Das Museum von Almería widmet sich dem reichen Kulturerbe der Provinz, das von den Kulturen von Argar und Los Millares, die hier in der Bronzezeit ansässig waren, bis zu den Römern und später den Arabern reicht.

Carretera de Ronda 91 | Tel. 9 50 10 04 09 | www.museosdeandalucia.es | 16. Sept.–31. Mai Di–Sa 10–20.30, 1. Juni– 15. Sept. Di–Sa 9–15.30, So und Feiertage 10–17 Uhr, Mo geschl. | Eintritt EU-Bürger frei, sonst 1,50 €

ÜBERNACHTEN

④ Hotel Catedral Almería 👫

Mit Schwimmbad – In Almería gibt es nicht viele charmante Hotels, aber dieses wäre auch in jeder anderen Stadt hervorzuheben. Die Zimmer sind schön eingerichtet und verfügen über eine moderne Ausstattung. Von der

Almería

0 600 m

N

b

c

Pto. de la Caridad
C. de Ramos
Av. de Pablo Iglesias
Negocios
Av. de Vilchez
Granada
Plaza de Toros
Granada
Real de Barrio Alto
Aeropuerto

Barrio Alto

San Juan Bosco
Murcia
Puerta de Purchena
Acalde Muñoz
Antonio Vico
C. de las Tiendas
Rambla del Obispo Orbera
García
Lorca
Altamira
Paco Aquino
Hermanos Pinzón
Crt. de Ronda
Granada, Aeropuerto

Alcazaba
Cerro de San Cristóbal
Calle Almanzor
Reducto
Mort. Málaga
Pl. Vieja
Plaza Flores
G. Marañón
Museo de Almería
Calzada de Castro
Av. Montserrat

La Chanca
Almedina
C. de la Reina
M. Nuñez
Calvo Sotelo
Artes de Arcos
Av. Reina Regente
Av. de Federico

Parque de Nicolás Salmerón
Kathedrale von Almería
C. M. Camposia
Gerona
Paseo de Almería

Andén de Costa
Pl. Circular
Estación
renfe

Puerto

Crt. de Ronda

a b

©MERIAN-Kartographie

Dachterrasse mit Schwimmbad bieten sich traumhafte Ausblicke auf die Stadt, Bars und Restaurants sind nur ein paar Schritte entfernt.
Plaza de la Catedral 8 | Tel. 9 50 27 81 78 | www.hotelcatedral.net | 20 Zimmer | ♿ | €€€

5 Plaza Vieja Hotel

Modernes Ambiente – Das Hotel liegt am schönen Rathausplatz und verfügt über modern und stilvoll eingerichtete Zimmer und arabische Bäder, in denen man sich nach einem Stadtbummel wunderbar erholen kann.
Plaza de la Constitución 4 | Tel. 9 50 28 20 96 | www.plazaviejahl.com | 16 Zimmer | ♿ | €€€

ESSEN UND TRINKEN

RESTAURANTS

6 Restaurante El Parque

Fangfrischer Fisch – Das am Hafen gelegene Restaurant ist bekannt für seine günstigen Fischgerichte und die traditionellen Reisgerichte. Das Mittagsmenü kostet nur 10 €.
Parque de Nicolás Salmerón 9 | Tel. 9 50 26 04 19 | Di–So 11–23.30 Uhr, Mo geschl. | €–€€

7 Taberna Vasca Añorga

Köstlich und gemütlich – Die Taberna Vasca ist nicht das günstigste Lokal der Stadt, aber der Küchenchef macht aus jeder seiner Tapas eine kleine Gaumenfreude.

Calle de Padre Alfonso Torres 4 |
Tel. 9 50 26 86 23 | Mo–Sa 12.30–16 und
20.30–0 Uhr, So geschl. | €€€

CAFÉS

8 Tetería Almedina

Ruhe und Stille – Nach einem Spaziergang in den steilen Straßen der Altstadt ist die Tetería Almedina ideal für ein Päuschen. Hier gibt es köstliches Gebäck und eine leckere hausgemachte Pfefferminzlimonade, aber auch herzhafte arabische Gerichte wie Couscous und sogar ein vegetarisches Menü und eine Teekarte. Manchmal gibt es Flamenco-Konzerte. Sowohl die Innenräume als auch die begrünte Außenterrasse sind angenehm.
Calle Paz 2 | Tel. mobil 6 29 27 78 27 |
www.teteriaalmedina.com | Mo–So
12–0 Uhr | €€

KULTUR UND UNTERHALTUNG

9 Casa Puga

Casa Puga wurde schon 1870 eröffnet und ist in ganz Andalusien ein Begriff. Am besten sucht man sich ein Plätzchen an der Bar, bestellt einen der exzellenten Weine aus dem hauseigenen Weinkeller und genießt das historische Ambiente. In der Semana Santa herrscht hier großer Trubel.
Calle Jovellanos 7 | Tel. 9 50 23 15 30 |
www.barcasapuga.es | Mo–So 12–16
und 20–0 Uhr | €€

SERVICE

AUSKUNFT

Fremdenverkehrsbüro ▶ S. 149, b 2

Plaza de la Constitución, s/n | Tel. 9 50
21 05 38 | www.turismodealmeria.org |
16. Sept.–30. Juni Mo–So 9–15 Uhr, 1. Juli–
15. Sept. Mo–So 9–14 und 17.30–20.30 Uhr

Immer appetitanregend sind die großen Schinken, die in vielen traditionellen Bars, Tavernen oder Restaurants wie in der Casa Puga (▶ S. 150) in Almería von der Decke hängen.

CABO DE GATA J5

Der große Naturpark Cabo de Gata im Südosten Andalusiens bezeugt die Wichtigkeit des Naturschutzes. Während sich über den Rest der Küste der Provinz Almería ein Meer aus Plastikgewächshäusern von zweifelhafter Nachhaltigkeit gelegt hat, erlaubte die Schaffung des Naturparkes im Jahr 1987, dass das Gebiet unverändert blieb und der heutige Besucher die einsamen, unbebauten Strände, Klippen, Buchten, Täler und Berge in vollen Zügen genießen kann, die an die vielen Western erinnern, die hier seit den 1950er-Jahren gedreht wurden. Die Drehorte dieser Filme, Spaghetti- oder Italo-Western genannt, kann man heute noch besichtigen.

Der Naturpark Cabo de Gata mit seinen kahlen Hügeln, steinigen Tälern mit ein paar Agaven, Mandelbäumen und Büschen, einsamen Sandstränden und Buchten aus Vulkanstein ist eine der schönsten und anziehendsten Landschaften der Mittelmeerküste. Es ist ein Ort für Naturliebhaber, für diejenigen, die abseits vom Trubel am Strand entspannen möchten, oder diejenigen, die eine sportliche Herausforderung suchen, da sich die Gegend sehr gut zum Wandern oder Montainbiken eignet. Jahrelang war das Cabo de Gata ein Lieblingsziel von Hippies und Reisenden auf der Suche nach unberührter Natur. Heute sind die Ortschaften des Naturparks natürlich etwas gewachsen, haben aber immer noch sehr wenig mit den touristischen Zentren der Costa del Sol gemein und sind das ideale Ziel für einen ruhigen Urlaub inmitten einer atemberaubenden Naturlandschaft.

SEHENSWERTES

Faro del Cabo de Gata

Der Leuchtturm von Cabo de Gata ist der Ort, der dem Naturpark seinen Namen gegeben hat. Er ist einer der meistbesuchten Punkte der Gegend. Die spektakulären Klippen waren schon den Seefahrern der Antike bekannt und waren im ganzen Mittelmeer gefürchtet. Ganz in der Nähe befindet sich der wunderbare Strand Playa de las Salinas

🕐 Den Leuchtturm sollte man am Nachmittag besuchen und bis zum frühen Abend verweilen, um den herrlichen Sonnenuntergang zu genießen!

La Isleta del Moro

La Isleta del Moro ist der malerischste Ort des Cabo de Gata. Es gibt nur ein paar Häuser, die direkt am Meer liegen, einen kleinen Strand und einen Steg, an dem die Fischer ihre Boote vertäuen können. Nahe bei Los Escullos gelegen, ist die kleine Ortschaft mit einem riesigen Felsen verbunden und einem Inselchen, von dem es seinen Namen hat.

Salinen

Die Salinen des Cabo de Gata sind die einzigen im östlichen Andalusien, die auch heute noch zur Salzgewinnung genutzt werden und nicht nur eine wichtige Einnahmequelle für die Region darstellen, sondern auch Zufluchtsort Tausender Vögel sind; über 100 Arten leben hier ständig oder nutzen das Gebiet als Ruheplatz auf ihren Wanderungen um den Globus. In den Salinen gibt es zwei Beobachtungspunkte, von denen aus man die Tiere beobachten kann. Ferngläser nicht vergessen!

Strände im Naturpark Cabo de Gata 👣

Zweifelsohne sind die einsamen Naturstrände die wichtigsten Sehenswürdigkeiten dieser Region. Alle paar Kilometer findet sich ein neuer Strand oder eine neue Bucht, und jeder hat seinen eigenen Charme. Die bekanntesten Strände sind Playa de los Genoveses und Playa del Monsul in der Nähe von San José, Playa el Playazo in Rodalquilar und Playa de los Muertos in der Nähe des Örtchens Agua Amarga. Normalerweise kann man alle Strände sehr gut mit dem Auto erreichen. Im Sommer ist die Anfahrt aber nur beschränkt möglich. Die Gemeinden organisieren aber Shuttlebusse, damit nicht zu viele Fahrzeuge im Naturpark unterwegs sind. Weitere Informationen zu den Stränden gibt es unter: www.cabogataalmeria.com

MUSEEN UND GALERIEN

Interpretationszentrum Las Amoladeras 👣

Wer von der Natur des Cabo de Gata fasziniert ist, sollte auch dieses kleine Interpretationszentrum besuchen, um noch etwas mehr über den Naturpark zu erfahren. In den drei Ausstellungsräumen findet man detaillierte Informationen über die Flora und Fauna des Naturparks, die Fische und Meerespflanzen der dazugehörigen Gewässer und über die vulkanischen Gesteinsformationen.

Carretera AL-3115, Retamar-Pujaire km 7 | Tel. 9 50 16 04 35 | www.juntadeandalucia.es | Jan., Feb. 10–14, März, April, Mai 10–15, Karwoche, 1.–15. Juni und 15.–30. Sept. 10–17, 15. Juni–15. Sept. 10–14 und 17–20 Uhr | Eintritt frei

ÜBERNACHTEN

Hotel de Naturaleza Rodalquilar 👣

Erholung garantiert – Das Hotel hält, was sein Name verspricht: Es ist eine wahre Ruheoase inmitten der traumhaften Landschaft um den Ort Rodalquilar und befindet sich ganz in der Nähe von einem der schönsten Strände des Naturparks, der Playa El Playazo. Zum Hotel gehört auch ein Spa-Bereich und ein gutes Restaurant. Sehr zu empfehlen!

Rodalquilar | Paraje de los Albacetes s/n | Tel. 9 50 38 98 38 | www.hotelrodalquilar.com | 24 Zimmer | ♿ | €€€

Hotel MC Cabo de Gata 👣

Stilvoll und gepflegt – Das kleine, moderne Hotel fügt sich harmonisch in die Umgebung ein und bietet seinen Gästen gemütliche Zimmer und ein Schwimmbad in einem gepflegten Garten. Restaurant, Mountainbikes und Massagen runden das Angebot ab.

San José | Calle El Faro 2 | Tel. 9 50 61 11 11 | www.hotelesmcsanjose.com | 31 Zimmer | ♿ | €€

La Almendra y el Gitano 👣

Traumhaftes Landhaus – La Almandra y el Gitano fällt in die Kategorie der Casas Rurales und wurde mit zahlreichen Preisen der Tourismusbehörden der Provinz ausgezeichnet. Das Haus verfügt über schöne Zimmer und einige Suiten mit Jacuzzis, von denen aus man die Aussicht auf die unbebaute Natur genießen kann. Die perfekte Unterkunft zum Entspannen.

Aguamarga | Paraje las Cordilleras, Camino de Cala Plomo s/n | Tel. mobil 6 78 50 29 11 | www.laalmendrayelgitano.com | 6 Zimmer | €€€€

Der Naturpark Cabo de Gata (▶ S. 151) ist ein Biosphärenreservat, da es hier aufgrund der geringen Niederschläge eine ganz spezielle Vegetation wie in dieser Dünenlandschaft gibt.

ESSEN UND TRINKEN

Restaurante La Ola 👫

Fisch aus eigenem Fang – Das Restaurant La Ola liegt im malerischen Ort La Isleta del Moro und bietet zum einen die schönste Aussicht, und zum anderen hat das Restaurant ein eigenes Fischerboot, von dem der Fang stets frisch gegrillt, als Paella, als Eintopf oder frittiert auf den Tisch kommt. In der Hochsaison sollte man unbedingt reservieren.

La Isleta del Moro | Calle Rinconcillo s/n | Tel. 9 50 38 97 58 | www.restaurantelaola.es | tgl. 10–18 und 20–0 Uhr | €€

Restaurante Mediterráneo 👫

Beliebt bei Einheimischen – Das letzte Restaurant am Paseo Marítimo von San José liegt kurz vor dem Eingang zum Hafen. Hier gibt es köstliche frische Fischgerichte und auch sehr gute Paellas zur vernünftigen Preisen. Besonders zu empfehlen sind die Fischsuppe (»sopa de pescado«) und der schwarze Reis (»arroz negro«).

San José | Puerto deportivo de San José s/n | Tel. 9 50 38 00 93 | www.parque natural.com/mediterraneo | tgl. 13–16.30 und 19.30–0 Uhr, außer im Sommer Do geschl. | €€

TOUREN DURCH
ANDALUSIEN

Karg und eindrucksvoll ist die Landschaft um Zahara de la Sierra (► S. 156).

DIE ROUTE DER WEISSEN DÖRFER – TOUR DURCH DIE SIERRA DE GRAZALEMA

CHARAKTERISTIK: Ausflug mit dem Auto ab/bis Ronda durch die eindrucksvolle Landschaft und die Dörfer der Sierra de Grazalema **DAUER:** 1 Tag **LÄNGE:** ca. 135 km **EINKEHRTIPP:** Hotel und Restaurant Al Lago, Zahara de la Sierra, Calle Félix Rodríguez de la Fuente 11, Tel. 9 56 12 30 32, http://www.allago.es **AUSKUNFT:** Fremdenverkehrsamt Ronda, Plaza de España 1, Tel. 9 52 87 11 10, www.ronda.com

D 5

Die Route der weißen Dörfer bezieht sich auf eine ganz bestimmte Gruppe von Dörfern in der Provinz Cádiz um und in dem Naturpark Sierra de Grazalema. Das Gebiet wurde 1984 zum ersten Naturpark Andalusiens erklärt. Die Sierra de Grazalema gehört zu den grünsten Regionen Andalusiens und ist einer der regenreichsten Orte Spaniens, da die Berge die erste große Hürde für die warmen und feuchten Winde darstellen, die hier aufsteigen und sich abregnen. Es handelt sich um ein typisches Kalksteingebirge mit zahlreichen Schluchten, Höhlen, Grotten.

Ronda ▶ Setenil de las Bodegas

Die Route beginnt in Ronda auf den Landstraßen A-418 und CA-9122 Richtung **Setenil de las Bodegas**. Die Besonderheit dieses Dorfes liegt in den weißen Häusern, die in die steilen Felswände hineingebaut wurden oder sogar unter die Felsen, um diese als Dach zu nutzen.

Setenil de las Bodegas ▶ Olvera

Auf der Landstraße CA-9120 fahren Sie durch Olivenhaine nach **Olvera**. Auf der maurischen Festung genießen Sie einen herrlichen Ausblick auf das Dorf und die Sierra. Nicht weit entfernt befindet sich das Naturreservat Peñon de Zaframagón, ein gewaltiger Felsen, der als Vogelbeobachtungs-Zentrum dient.

Olvera ▶ Pedanía de la Muela

Sie folgen der Landstraße A-385 Richtung **Algodonales**, biegen aber vor Algodonales Richtung **El Gastor** ab, dem sogenannten »Balkon der weißen Dörfer«. Vom höchsten Punkt genießt man einen atemberaubenden Ausblick auf die nahe liegenden Dörfer. Das kleine, lebendige Städtchen **Algodonales** bildet den nördlichen Zugang zum Naturpark Sierra de Grazalema und ist vor allem wegen des hügeligen Umlandes bei Paraglidern bekannt. Hier laden viele Tapas-Bars zu einer kulinarischen Erkundung der Region ein. Wenn Sie Zeit und Lust haben, können Sie die **Pedanía de La Muela** besuchen, um von dem Gipfel der angrenzenden Sierra de Líjar den Flug der Gänsegeier zu beobachten.

Pedanía de la Muela ▶ Zahara de la Sierra

Weiter führt die Route über die A-2300 nach **Zahara de la Sierra**, einem maurischen Dorf inmitten des Naturparks.

Sein Name kommt aus dem Arabischen und bedeutet Blume. Die Hanglage verleiht dem Dorf eine ganz besondere Gestalt, denn die Straßen ziehen sich gezwungenermaßen treppenförmig in die Höhe. Am höchsten Punkt des Dorfes erhebt sich die arabische Burg aus dem 12. Jh., von der aus man auch eine fantastische Aussicht in die Sierra und auf den Stausee Zahara-El Gastor hat.

Zahara de la Sierra ▶ Grazalema

Schließlich fahren Sie in die Sierra hinein auf der CA-531 bis **Grazalema**. Obwohl das Dorf Grazalema römischen Ursprungs ist, prägen die acht Jahrhunderte arabische Herrschaft das Ortsbild: gepflasterte, enge Gassen und Plätze mit weiß gekalkten Häusern führen Sie zu der Iglesia de la Aurora am Hauptplatz und der Iglesia de San Juan. In Grazalema können Sie die berühmten handgemachten Wolldecken erwerben. Traditionell waren Landwirtschaft, unter anderem Schafzucht und Korkgewinnung, hier weit verbreitet. Da Grazalema aber mitten im Naturpark liegt, ist die landwirtschaftliche Nutzung sehr eingeschränkt. Man hat sich auf den Tourismus verlagert und das alte Handwerk der Weberei wieder aufleben lassen.

Grazalema ▶ Ronda

Die Landstraße A-372 bringt Sie schließlich zurück nach **Ronda**.

ÜBERNACHTEN

Al-Qutun Landhaus und Apartments

Algodonales | Calle Zahara de la Sierra | Tel. 9 56 13 78 82 | http://www.al-qutun. com | €€

Auch Zahara de la Sierra (▶ S. 156) ist ein weißes Dorf im Naturpark Sierra de Grazalema, das sich an den Hang schmiegt und über dem eine Burg aus dem 12. Jh. thront.

DURCH DEN NATURPARK CABO DE GATA  – UNBERÜHRTE NATUR UND FISCHERDÖRFER

CHARAKTERISTIK: Ausflug mit dem Auto ab/bis Almería durch den Naturpark Cabo de Gata **DAUER:** Tagestour **LÄNGE:** ca. 80 km **EINKEHRTIPPS:** San José, El Octopus, San José, Calle Ancla 36, Tel. mobil 6 60 24 83 35, €€ | Mediterraneo, Puerto Deportivo de San Jose, Tel. 9 50 38 00 93, €€ | La Palma, Las Negras, Calle Bahía de las Negras 21, Tel. 9 50 38 80 42, €€ **AUSKUNFT:** Centro de Información Parque Natural Cabo de Gata, San José (Níjar), Av San José 27, Tel. 9 50 38 02 99, www.turismoalmeria.com

H 5

Der Naturpark Cabo de Gata liegt im Südosten der andalusischen Provinz Almería und gilt immer noch als Geheimtipp. Es handelt sich um ein natürliches Paradies mit eindrucksvollen Steilküsten, einsamen Buchten und Stränden mit kristallklarem Wasser. Glücklicherweise ist der Naturpark wenig verbaut, sodass der Besucher hier noch Ruhe finden kann. Hier liegt das größte Gebirgsmassiv vulkanischen Ursprungs des europäischen Festlandes, in dem Halbwüsten und vulkanische Berge das Landschaftsbild prägen. In unmittelbarer Nähe zum Meer haben sich einzigartige Landschaften und Lebensräume entwickelt, die Gegend ist ein Biosphärenreservat.

Almería ▶ San Miguel Cabo de Gata

Von Almería fahren Sie über die Landstraße N-344 bis Retamar und dann über die ALP-202 und die ALP-822 bis San Miguel Cabo de Gata. Es geht vorbei an den breiten Stränden Torre García und Almadrava de Monteleva und den **Salinen** zwischen La Almadrava und San Miguel Cabo de Gata. Bereits die Phönizier regelten den Wasserzu-

fluss zu den unter dem Meeresspiegel gelegenen Salinen und gewannen hier Salz. Die Salinen sind bis heute in Betrieb und dienen nicht nur der Salzgewinnung, sondern bieten auch vielen Vogelarten einen Lebensraum. Unter anderem können Sie hier Flamingos, Seeschwalben und verschiedene Möwenarten beobachten. Die Salinen sind – in unmittelbarer Nachbarschaft der Halbwüsten – die wichtigsten Feuchtgebiete der Provinz Almería. In San Miguel Cabo de Gata fahren Sie bis zum **Leuchtturm**, von seinem Aussichtspunkt genießt man einen weiten wunderschönen Blick über die Küstenlandschaft bis zum Riff **Arrecife de las Sirenas**.

San Miguel Cabo de Gata ▶ San José

Sie fahren Richtung **San José**, von wo aus Sie einfach die beeindruckenden Strände Playa de Mónsul, beliebt bei FKK-Anhängern, und die feinsandige Playa de los Genoveses erreichen. Der kleine Ort San José im Osten des Naturparks hat sich zu einem kleinen touristischen Zentrum in der Region entwickelt und bietet sich für eine Mittagspause an.

San José ▶ Isleta del Moro

Die Fahrt geht weiter bis zur **Isleta del Moro**, einem kleinen Fischerdorf mit weißen Häuschen und einem Aussichtspunkt, von wo aus man das blaues Meer stundenlang beobachten kann. Nahe gelegene, schöne Strande sind die Playa del Peñón Blanco und die Playa del Arco.

Isleta del Moro ▶ Rodalquilar

Fahren Sie auf der Landstraße ALP-826 bis zum Ort **Rodalquilar**, wo Sie unbedingt eine Weile am Strand El Playazo das Auto parken sollten, um einen kleinen Spaziergang zu machen. Neben dem Strand befindet sich die Burg von San Ramón aus dem 18. Jh., eine kleine Bucht und ein weißer, beeindruckender Felsblock.

Rodalquilar ▶ Las Negras

Ihre letzte Station auf der Route ist **Las Negras**. Seinen Namen verdankt der Küstenort dem **Cerro Negro** (schwarzer Hügel) aus schwarzem Lavafels, der den Blick vom Strand aus dominiert. Las Negras hat trotz des wachsenden Tourismus den Charme eines Fischerdorfes bewahrt. Vor der Rückfahrt können Sie den Sonnenuntergang mit einer Tapa im Restaurant La Palma genießen. Wenn Sie noch Zeit und Lust haben, können Sie auf der Rückfahrt die hübsche Kleinstadt Níjar besuchen. **Níjar** ist bekannt für Keramikarbeiten sowie für Teppiche, Decken und Korbwaren aus lokalen Pflanzen.

Níjar ▶ Almería

Níijar liegt nahe bei der Autobahn A7, die Sie schnell wieder zurück nach Almería bringt.

Die Playa de la Isleta del Moro (▶ S. 151) liegt beim gleichnamigen Ort im Naturpark Cabo de Gata. Der Ort wird nach dem dunklen Felsen »Inselchen des Mauren« genannt.

ROUTE DES KALIFATS – SEHENSWÜRDIGKEITEN ARABISCHEN URSPRUNGS

CHARAKTERISTIK: Diese Autoroute zwischen Granada und Córdoba führt über malerische Dörfer. Man kann die Route aus beiden Richtungen abfahren. **DAUER:** Tagestour **LÄNGE:** ca. 180/200 km **EINKEHRTIPP:** Restaurante Nicol´s, Luque, im ehemaligen Bahnhof, Tel. 9 57 67 40 81, www.estaciondeluque.es, €€ **AUSKUNFT:**

Tourismusamt Granada, Plaza de Mariana Pineda, 10, Tel. 9 58 24 71 28, www.turismodegranada.org

G 4–E 2

Zwischen Granada und Córdoba liegt eine Strecke durch Olivenplantagen und spektakuläre Naturlandschaften, die an Dörfern und Städten vorbeiführt, die einige der interessantesten Sehenswürdigkeiten aus arabischer Zeit zu bieten haben. Alle Stätten auf der Route waren einst wichtige Orte auf der Handelsroute zwischen Granada und Córdoba und erlebten ihre Blütezeit während des Kalifats von Córdoba. Wenig später machte die christliche Eroberung aus dieser Handelsroute ein gefährliches Grenzgebiet, das zwei Jahrhunderte lang umkämpft wurde. So wurden in fast allen Dörfern die **Burgen** und **Festungen** errichtet, die heute dieser Gegend ein märchenhaftes Aussehen verleihen.

Granada ▶ Alcalá la Real

Von Granada kommend führt die Landstraße N-432 durch die »vega« (Ebene) in Richtung Pinos Puentes. Kurz nach diesem Ort kommt auch schon der erste Zwischenstopp: das weiße Dorf **Moclín**, ein strategisch wichtiger Verteidigungspunkt Granadas in den letzten Jahrzehnten des Königreiches von Granada. Trotz der Nähe zur Provinzhauptstadt konnte der Ortskern sein ländliches Flair mit weiß getünchten Fassaden und mit Blumentöpfen geschmückten Fenstern erhalten. Über dem Dorf erhebt sich die Festung mit ihrer doppelten Wehrmauer und die Kirche Iglesia del Christo del Paño mit religiösen Malereien, denen die Einheimischen zahllose Wunder zusprechen. Der nächste Halt ist in Alcalá la Real, um die Burganlage **Fortaleza de la Mota** zu bewundern, die zu den schönsten Sehenswürdigkeiten Andalusiens zählt.

Alcalá la Real ▶ Córdoba (über Alcaudete und Espejo)

Bei Alcalá la Real gabelt sich die Route des Kalifats in zwei Wege, die nach Córdoba führen. Wenn Sie etwas schneller vorankommen oder weniger Kilometer fahren möchten, dann sollten Sie weiter auf der N-432 fahren. Der nächste Ort ist **Alcaudete**, wo man eine solide Festung, die vom Orden von Calatrava errichtet wurde, und das beeindruckende Gotteshaus Santa María La Mayor aus der Renaissance besichtigen kann. Im Ort gibt es die besten lokalen Back- und Süßwaren in der Repostería Mari Trini, Plaza 28 de Febrero, Tel. 9 53 56 00 83. Der nächste Halt ist **Zuheros**, einer der meistbesuchten und malerischsten Orte der Route des Kalifats. Ab Baena verläuft die Landstraße parallel zum Fluss Guadalhorce und führt durch die Dörfer Castro del Río und Espejo. In **Espejo** lohnt es sich, bis zur Burg Castillo de Pay Arias hinaufzufahren, da man von hier einen grandiosen Ausblick auf das ganze Gebiet genießt.

Alcalá la Real ▶ Córdoba

Der zweite Weg der Route des Kalifats führt durch die **Sierra Subbética**, eine bergige Naturlandschaft von großer Schönheit, in der Sie zumindest eine Nacht verbringen sollten. Der erste obligatorische Halt ist in **Priego de Córdoba**, wo sich die reizvolle Natur mit der Volksarchitektur arabischen Ursprungs, mit dem herrausragenden kulturellen Erbe des Barocks und einigen schönen Beispielen der Baukunst vom Beginn des 20. Jh. zu einer wunderbaren Einheit verbindet. Danach führt die Route weiter über Carcabuey, Cabra, Lucena Aguilar de la Frontera und **Montilla**. Letztere ist berühmt für ihre zahlreichen Bodegas (Weingüter), in denen der »amontillado« hergestellt wird, eine Art Sherry, der in der Region sehr beliebt ist. Bevor Sie Córdoba erreichen, lohnt sich ein letzter Halt in **Fernán Núñez**. Von der hübschen Plaza de las Fuentes sind die beiden wichtigsten Sehenswürdigkeiten nur einen Katzensprung entfernt: die Kirche Iglesia de Santa María und der schöne Herzogspalast Palacio Ducal, der zu den wichtigsten historischen Zivilbauten der Provinz Córdoba zählt.

Die Stadt Priego de Córdoba (▶ S. 99) wird wegen ihrer vielen Brunnen als Stadt des Wassers und wegen ihrer barocken Gebäude als Juwel des cordobesischen Barock bezeichnet.

ANDALUSIEN
ERFASSEN

Wein, vor allem Sherry (▶ S. 67), ist eines der andalusischen Exportgüter.

AUF EINEN BLICK

*Hier erfahren Sie alles, was Sie über Andalusien wissen müssen –
kompakte Informationen über Land und Leute,
von Bevölkerung und Sprache über Geographie und Politik
bis Religion und Wirtschaft.*

BEVÖLKERUNG

In Andalusien leben etwa 8,5 Mio. Menschen, wobei die Bevölkerung unterschiedlich verteilt ist. Sie konzentriert sich auf die touristischen Zonen, die landwirtschaflich stark genutzten Gegenden und die Provinzhauptstädte. Entsprechende Ballungsräume sind die Mittelmeerküste bei Málaga, das Industriegebiet am Atlantik um Cádiz und vor allem Sevilla. Der Ausländeranteil beträgt etwa 5,4 %. Die meisten Einwanderer kommen aus Afrika und Iberoamerika.

LAGE UND GEOGRAFIE

Andalusien ist die südlichste von den 17 autonomen Gemeinschaften Spaniens auf dem Festland. Andalusien grenzt im Norden an Kastilien-La Mancha und an die Extremadura, im Osten an Murcia, im Süden ans Mittelmeer und den Atlantik sowie im Westen an Portugal. Bei Tarifa, der südlichsten Stadt, trennt die 14 km lange Straße von Gibraltar Europa und Afrika. Die wichtigen Naturräume Andalusiens sind die Betische Kordillere, zu der die Sierra Nevada gehört, das Be-

◀ In der Sierra de Grazalema (▶ S. 72) gibt es Schafe und den berühmten Schafskäse!

cken des Guadalquivir und die südliche Abdachung der Sierra Morena.

POLITIK UND VERWALTUNG

Die Region Andalusien gliedert sich in acht Provinzen: Almería, Cádiz, Córdoba, Granada, Huelva, Jaén, Málaga, Sevilla. Hauptstadt Andalusiens und Sitz der Regierung ist Sevilla. Seit dem Inkrafttreten des Autonomiestatuts im Jahre 1982 haben neun Wahlen zum Regionalparlament stattgefunden. Bis 2008 wurde die sozialdemokratische PSOE bei allen Wahlen stärkste Partei, 2012 wurde die konservative PP erstmals stärkste Kraft. Seit 2013 ist Susana Díaz Pacheco Präsidentin der Junta.

RELIGION

Die Religion ist hauptsächlich römisch-katholisch (95 %), aber es gibt eine kleine Minderheit von Muslimen, Juden und Protestanten.

SPRACHE

Es wird Spanisch und Andalusisch gesprochen. Andalusisch ist ein spanischer Dialekt, der sich nur phonetisch von der Standardvarietät des Spanischen unterscheidet. Es zeichnet sich durch das Verschlucken oder Aspirieren der Buchstaben »s« oder »d« in der Mitte oder am Ende eines Wortes sowie durch die offenen Vokale aus.

WIRTSCHAFT

Andalusien zählt zu den Regionen Spaniens, die am stärksten von der Krise getroffen wurden. Das Pro-Kopf-Einkommen ist deutlich niedriger im Ver-gleich zum Rest Spaniens. Die Arbeitslosenquote liegt bei 35 %, weit über dem spanischen Durchschnitt (26 %). Die Gesellschaft Andalusiens ist hauptsächlich agrarisch geprägt. 45,64 % des Territoriums Andalusiens werden landwirtschaftlich genutzt. Das mediterrane Klima ermöglicht den Anbau von Getreide, Sonnenblumen bis hin zu tropischen Früchten in der Region rund um die Costa Tropical. Besonders hervorzuheben sind der Olivenanbau in der Provinz Jaén und der Weinanbau für den berühmten Sherry rund um Jerez de la Frontera. Auch Mandelbäume sind in Andalusien weit verbreitet. In der Viehzucht sind vor allem die berühmten Iberischen Schweine (»cerdo ibérico«) zu nennen, die zur Herstellung für den berühmten Edelschinken Jamón Ibérico de Bellota gezüchtet werden. Der Export der genannten Lebensmittel ist neben dem Tourismus das Hauptstandbein Andalusiens, wobei mehr als die Hälfte der Bevölkerung im Dienstleistungssektor beschäftigt ist. Jedes Jahr besuchen etwa 20 Mio. Touristen Andalusien, und mittlerweile weicht der Tourismus vom Massentourismus ab und setzt auf individuellen, ökologischen und kulturellen Tourismus.

AMTSSPRACHE: Spanisch (Castellano)
EINWOHNER: 8,5 Mio.
FLÄCHE: 87 597 qkm
GRÖSSTE STADT: Sevilla, 703 000 Einwohner
HÖCHSTER BERG: Mulhacén, 3478 m
RELIGION: Mehrheitlich römisch-katholisch
WÄHRUNG: Euro

Im Fokus
Die Tragödie der Arbeitslosigkeit in Andalusien

In Andalusien zeigt sich das Drama der Arbeitslosigkeit, das alle Mittelmeerländer betrifft, in all seiner Härte: die Jugendarbeitslosigkeit hat erschreckende 62 % erreicht, und selbst in Städten wie Sevilla haben 32 % der potenziellen Arbeitnehmer keine Stelle.

Laut offizieller Statistiken hält Andalusien den traurigen Rekord der höchsten Arbeitslosenquote Europas. Im Jahr 2013 stieg die Quote auf 36,87 % der aktiven Bevölkerung an, und leider ist keine Besserung in Sicht. In den ländlichen Regionen sind die Zahlen mit Arbeitslosenquoten von bis zu 70 % noch besorgniserregender.

Auch wenn die Finanzkrise an dem Dilemma eine große Mitschuld trägt, ist die Arbeitslosigkeit in Andalusien doch ein historisches Übel. In den letzten zwei Jahrzehnten haben das Baufieber und die große Menge an EU-Subventionen dafür gesorgt, dass Andalusien eine Wachstumsperiode und einen Wohlstand erlebte, der die Bevölkerung glauben machte, sich nun endlich dem Lebensstandard der reichen Regionen Spaniens anzunähern. Leider war dies ein Trugschluss, und das Platzen der Immobilienblase ließ die andalusische Wirtschaft in einer noch schlechteren

◀ Sánchez Gordillo, der Bürgermeister von
Marinaleda (▶ S. 169), spricht vor Arbeitern.

Situation als vorher zurück. Viele Menschen haben ihre Arbeit verloren und können nun nicht mehr die enormen Kredite abbezahlen, die während der verrückten Jahre von den Banken zu niedrigsten Zinsen ausgegeben wurden. Die Aussichten sind erschütternd: Anfang 2013 gab es in Andalusien mehr als 4760 Familien, deren Mitglieder alle arbeitslos sind.

SCHATTENWIRTSCHAFT UND AUSWANDERUNG

Bei diesen Zahlen ist es erstaunlich, dass es bislang noch nicht zu einem Aufruhr gekommen ist, aber die andalusische Gesellschaft ist leider schon zu sehr an die Arbeitslosigkeit gewöhnt. Die familiären Bindungen sind sehr stark, und viele überleben dank der Zuwendungen von einigen Familienmitgliedern mit festem Einkommen. Ebenfalls gibt es eine stark verbreitete Schattenwirtschaft, die die Not vieler Familien lindert, aber natürlich auch die Entstehung neuer Arbeitsplätze verhindert. Ein wahrer Teufelskreis! Hinzukommt noch das Bestehen einer staatlichen Unterstützung für die Landarbeiter (»jornaleros«), die außerhalb der Erntezeit etwa 300 oder 400 € monatlich beziehen. Dieses Unterstützungsmodell, das übrigens in Spanien heiß diskutiert wird, wurde zu Beginn der Demokratie eigens für die »jornaleros« Andalusiens und der Extremadura eingeführt und sollte zum einen die Landflucht verhindern und zum anderen die massiven Auswandererströme stoppen, da unter Franco schon mehr als eine Million Andalusier ihre Heimat verlassen hatte, um sich in Deutschland, Frankreich, aber auch Katalonien und im Baskenland Arbeit zu suchen.

Eine Erklärung für die traditonelle Armut und die strukturelle Arbeitslosigkeit zu finden ist nicht einfach, da die Gründe teilweise bis zur spanischen Eroberung des arabisch beherrschten al-Ándalus zurückreichen. Mit dem Fortschreiten der kastilischen Truppen Richtung Süden wurde das Land zwischen den adligen Familien aufgeteilt, was das Verschwinden des hispanoarabischen Kleinbauerntums und das Entstehen großer sozialer Ungleichheit zur Folge hatte.

HISTORISCHE ARMUTSGRÜNDE

Jedoch war nicht alles negativ. Verglichen mit dem Rest Spaniens kam Andalusien recht unbeschadet durch das schwierige 17. und 18. Jh. und verfügte über einen gewissen Grad an wirtschaftlicher Diversifizierung.

Zusammen mit der großen Anzahl an einwohnerreichen Städten führte dies zur Entwicklung eines neuen Bürgertums, das den Grundstein für den Beginn der Industrialisierung legte. Mit Beginn der Industrialisierung in Europa wurde Andalusien sogar der wirtschaftliche Motor Spaniens. Die Region hatte genügend zu bieten, um zur Wirtschaftskraft aufzusteigen, und vor allem die reichen Bodenschätze wie Kupfer, Blei und Eisen verhalfen Bergwerken und Minen zu Aufschwung und Reichtum.

KEIN FORTSCHRITT, KEINE REFORMEN

Viel Tinte wurde schon über das Scheitern der Industrialisierung Andalusiens vergossen, und nicht einmal Wissenschaftler, die sich eingehend mit der Materie beschäftigt haben, sind sich einig. Natürlich gibt es jede Menge bösartiger »Studien«, die als Gründe die Trägheit und die Unfähigkeit der Südländer hinsichtlich wirtschaftlichem Denken und Organisation angeben. Die Wirklichkeit ist aber wesentlich vielschichtiger. Überholte landwirtschaftliche Strukturen, Analphabetismus und mangelnde Bildung der Bevölkerung, Unverantwortlickeiten der Politiker, die mehr um den Erhalt der fernen Kolonie Kuba kämpften, als sich um die Probleme vor Ort zu kümmern ... all dies lief klar auf ein Desaster hinaus. Es war auch keineswegs hilfreich, dass die Oberschicht kein Interesse an Fortschritt und Unternehmertum zeigte und ihr Geld lieber in Land investierte, ohne jedoch an landwirtschaftliche Reformen zur Steigerung der Erträge zu denken.

EIN WEITER WEG VON DER ANARCHIE ZUR AGRARREFORM

In dieser Situation erlebte das Land während der ersten zwei Jahrzehnte des 20. Jh. seine instabilste Phase. Kommunismus und Anarchismus verbreiteten sich wie ein Lauffeuer in der Region, und viele Orte erlebten wahre Gewaltausbrüche, als die aufgebrachten »jornaleros« lautstark die Anarchie forderten. Die Abdankung von König Alfonso XIII. und Ankunft der Demokratie im Jahre 1931 gaben ein Fünkchen Hoffnung. Die Regierung der Zweiten Republik führte die lang erwartete Agrarreform durch, bei der nicht genutzter Großgrundbesitz unter den ärmsten Bauern aufgeteilt werden sollte. Allerdings fand dieser Plan keinen Gefallen bei den Konservativen und war so einer der Hauptgründe für den Staatsstreich im Juli 1936, der den Spanischen Bürgerkrieg auslöste.

Der Sieg der franquistischen Truppen begrub 1939 alle Hoffnungen auf eine Lösung der Krise. Es folgten Jahre des Hungers, Auswanderung und Entbehrungen, während der sich die kriegsbedingte Unterentwicklung und Armut noch verschlimmerte. Über eine Million Andalusier verließen ihre Heimat, um als Gastarbeiter ihr Glück zu versuchen.

Der Tod Francos und der Beginn der »transición española« (demokratischer Übergang) bargen neue Hoffnungen für Andalusien. Mit den wiedererworbenen politischen Freiheiten forderte Andalusien nicht nur das Recht auf einen gewissen Grad an Autonomie, sondern auch die lang ersehnte Agrarreform. Viele Jahre lang war die Verteilung des Landes ein Punkt auf der Agenda der sozialdemokratischen Landesregierung, aber am Ende verschwand der Gesetzentwurf aus Angst vor den Geistern der Vergangenheit in der Schublade. Stattdessen wurde das schon erwähnte Unterstützungsmodell verabschiedet, das zwar Frieden brachte, aber mit der Zeit zulasten der Gesellschaft geht, da andere wirtschaftliche Aktivitäten nicht gefördert werden.

INSEL DER SELIGEN

Es gab nur sehr wenige Dörfer in Andalusien, die weiter für eine gerechte Verteilung des Landes kämpften. Eines von ihnen ist Marinaleda in der Provinz Sevilla. Angeführt vom Kommunisten Juan Manuel Sánchez Gordillo traten 700 Bewohner des Dorfes in einen historischen Hungerstreik. Es war genau genommen ein Hungerstreik gegen den Hunger, der den kleinen Ort in ganz Spanien bekannt machte. In der Zeit nach dem Streik besetzten die Einwohner des Dorfes große Grundstücke im Umkreis, die sich im Besitz des Staates und einiger Adelsfamilien befanden, bis schließlich nach einem jahrelangen Kampf der Staat den Bürgern Marinaledas ein 1200 ha großes Grundstück aus dem Besitz des Herzogtums von El Infantado zusprach.

Nach diesem Sieg schuf Sánchez Gordillo, der heute noch Bürgermeister ist, eine Kooperative, die sich nicht nur dem Anbau, sondern auch der Verarbeitung, Abfüllung, Verpackung und der Vermarktung der verschiedenen landwirtschaftlichen Produkte widmet. Außerdem kreierte er ein neues Wohnungsmarktmodell, bei dem der Erwerb einer Wohnung oder die Miete mit nur sehr geringen Kosten verbunden ist. Es ist keine Seltenheit, dass die monatliche Miete eines Bewohners von Marinaleda nur 20 € beträgt. Auch heute ist Marinaleda immer noch in ganz Spanien bekannt. Nicht nur, weil es sich um die einzige kommunistische Gemeinde des Landes handelt, sondern auch, weil es die einzige Gemeinde mit einer Arbeitslosenquote von 0 % ist und keiner der Bewohner unter einem Schuldenberg zu leiden hat. Innerhalb Andalusiens ist Marinaleda eine seltsame kleine Oase des Wohlstands.

GESCHICHTE

Die ersten Menschen in Andalusien haben sich in Höhlenmalereien verewigt, die Karthager, Römer, Westgoten haben der Region ihren Stempel aufgedrückt, aber niemand hat so viele beeindruckende Spuren hinterlassen wie die Araber.

1 Mio. Jahre v. Chr.
Der Ursprung

In Andalusien hat man einige der ältesten Beweise für die menschliche Präsenz in Westeuropa gefunden. In der Gegend um Guadix und Baza, im Inneren der Provinz Granada, wurden bei Ausgrabungen Überreste von Siedlungen gefunden, die etwa 1 Mio. Jahre alt sind. Die **Höhlenmalereien von Nerja** oder in der Cueva de la Pileta bei Ronda sind die ersten künstlerischen Manifestationen dieser Menschen. Ab 5500 v. Chr. werden die Siedler Andalusiens sesshaft und landwirtschaftlich tätig. Zum ersten Mal spielt Landbesitz eine Rolle, was man an kollektiven Grabstätten und militärischen Konst-

ruktionen um die Siedlungen herum erkennen kann. Auch erfährt die Gesellschaft eine **Hierarchisierung**, durch die einige wenige Familien oder Klans eine höhere Stellung in wirtschaftlicher oder politischer Hinsicht erlangen und sich so vom Rest der Bevölkerung abgrenzen. Diese Aristokratisierung ist fast abgeschlossen, als die ersten Kolonialherren an die andalusischen Küsten kommen, die Griechen und hauptsächlich die Phönizier, die Handelsabkommen schließen mit dem Volk von Tartessos, das sich im Westen zwischen Sevilla und Doñana niedergelassen hat, und den Iberern oder Turdetanern, die das östliche Andalusien bewohnen.

1 Mio. Jahre v. Chr.

237 v. Chr.

Landung von Hamilcar Barcas in Gadir und Beginn der karthagischen Eroberung

218 v. Chr.

Erste menschliche Präsenz in Andalusien

Beginn des 2. Punischen Krieges

3. Jh. v. Chr. Andalusien im 2. Punischen Krieg

Im 3. Jh. v. Chr., als die Römer den größten Teil des Mittelmeerraums beherrschen, beginnen die **Karthager**, die kulturellen Erben der Phönizier, ihre Präsenz in Andalusien auszubauen. Im Jahr 238 v. Ch. legt der karthargische Kriegsherr Almícar Barca in Gadir, dem heutigen Cádiz, an und lüftet so den Vorhang für Andalusiens Eintritt in die Weltgeschichte. Jahrelang fochten **Römer** und Karthager um die Vorherrschaft im 2. Punischen Krieg bis zum Sieg Roms in der Schlacht von Baecula (das Schlachtfeld wurde erst vor einigen Jahren im Tal des Guadalquivir in der Nähe von Úbeda entdeckt). Die Karthager unter ihrem Feldherrn Hasdrubal konnten flüchten, und obwohl Hannibal einige Monate später mit seinen Elefanten die Alpen überquerte, um den Norden Italiens zu erobern, begann in der nun römischen Provinz Betica eine lange Zeit des Friedens und politischer und wirtschaftlicher Stabilität, die zu Andalusiens erster Blütezeit führte.

3. Jh. v. Chr. bis 3. Jh. nach Chr. Die römische Provinz Andalusien

Die römische Provinz ist vor allem landwirtschaftlich von großer Bedeutung und wird für ihr Olivenöl berühmt; der beste Beweis dafür ist der Monte Testaccio in Rom, der fast zur Gänze aus Amphoren aus der Provinz Baetica besteht. Aber auch das Getreide und die Produktion von »garum«, einer halb vergorenen Fischsoße, ungenießbar für den modernen Gaumen, aber sehr beliebt im gesamten römischen Imperium, trugen zum Reichtum der Region bei. Mit dem Wachstum der Großstädte Corduba (Córdoba), Hispalis (Sevilla) oder Italica nimmt auch der geistige und politische Einfluss der Provinz Betica zu, da sich nun der Zugang zu den römischen Eliten für die Bürger öffnet. Die wohl bekanntesten Personen sind **Seneca** und die **Kaiser Trajan** und **Hadrian**, deren Regierungszeit sich durch politische Stabilität auszeichnet, die als »pax romana« unter der Herrschaft von Augustus begann.

Gründung der Stadt Corduba (Córdoba)

151 v. Chr.

711

Am 27. April landet Tariq Ibn Ziyad in Gibraltar. Beginn der arabischen Herrschaft.

1248

Am 23. November erobert König Fernando III. Sevilla und festigt die christliche Herrschaft

FERNANDO 5.
EL SANTO
M.ª A. DE 1752.

415 Herrschaft der Westgoten

Aber auch das römische Andalusien hat im 3. Jh. n. Chr. mit den Folgen der Krise, die das Römische Reich bedroht, zu kämpfen. Die nicht haltbaren Eroberungen neuer Gebiete und die Unsicherheit eines Herrschaftssystems, das sich auf Sklaven und überhöhte Steuern stützt, sind die Gründe der Destabilisierung des Heers und der lokalen Eliten und einer heftigen Wirtschaftskrise. Nach und nach fallen Völker wie **Sueben** oder **Vandalen**, die um die Grenzen des Imperiums angesiedelt waren, in der Region ein und übernehmen die Kontrolle des Gebietes, was eine lang währende Instabilität und kulturelle Krise zur Folge hat. Im Jahr 415 erobern die **Westgoten**, eine kleine christliche Elite, das Territorium und wissen die einst römische Verwaltungsstruktur zu nutzen. Mit der Ankunft von byzanthinischen Schiffen in Malaka (Málaga) im Jahr 552 beginnt eine der unbekanntesten und bis heute fast unerforschten Phasen der Geschichte, in der einige Teile Andalusiens wie z. B. die Städte Córdoba oder Écija unter die Herrschaft des oströmischen Reiches fallen und ein zähes Mächteringen mit den westgotischen Monarchen bis ins Jahr 624 andauert.

711 Arabische Eroberung

Am 27. April 711 landet Tariq Ibn Ziyad, Statthalter des Gouverneurs von Tanger, mit 9000 Männern in Gibraltar an und legt den Grundstein für eine der fruchtbarsten historischen Epochen in der Geschichte: die **arabische Herrschaft**. Im Jahr 715 haben die Araber nicht nur die südliche Hälfte der Iberischen Halbinsel erobert, sondern auch wichtige Allianzen durch Ehen mit den Mitgliedern der westgotischen Aristokratie geschaffen, um so die wirtschaftliche und gesellschaftliche Kontrolle über die Bevölkerung zu garantieren. 773 gründet Abd ar-Rahman I., Überlebender der Dynastie der Umayyaden, die in Damaskus von den Abessiniern niedergemetzelt wurde, das Emirat von Córdoba. Dies ist der Grundstein für einen unabhängigen Staat, der ab 929 seine Blütezeit erlebt, als Abd ar-Rahman III sich

Die Pest wütet in Andalusien. Die Bevölkerung Sevillas schrumpft auf die Hälfte

1492

1492

Flucht des letzten arabischen Herrschers ins Exil

Christopher Kolumbis sticht am 3. August in See. Im Oktober landet die Expedition in der Karibik

1649

selbst zum Kalifen deklariert und seine politische und religiöse Unabhängigkeit gegenüber Bagdad, dem damaligen Zentrum der islamischen Welt, ausruft. Abd ar-Rahman III. macht **Córdoba** zur größten Stadt der bekannten Welt und zum wirtschaftlichen und kulturellen Mittelpunkt seiner Zeit. Leider währte der Glanz nicht lange, da schon im Jahr 1010 ein Bürgerkrieg das Territorium von al-Ándalus in viele kleine Königreiche spaltet, deren politische und wirtschaftliche Lage recht kompliziert ist.

1248 Reconquista

Die Zerstückelung von al-Ándalus ist ein Vorbote des Machtzerfalls der Araber auf der Iberischen Halbinsel, und im Jahr 1085 erobert Alfonso VI. von Kastilien die Stadt Toledo, was zur Folge hat, dass sich hier ein neues Machtzentrum bildet. Zu diesem Zeitpunkt beginnt die sogenannte Reconquista, eine militärische Eroberung, die in westlicher Geschichtsschreibung oft als Wiederherstellung des legitimen Status quo dargestellt wird, aber in Wirklichkeit die über acht Jahrhunderte während islamische Vorherrschaft auf der Iberischen Halbinsel außen vor lässt. Im 12. Jh. scheint die **christliche Eroberung** beinahe abgeschlossen: Mit der Eroberung von Jaén im Jahr 1246, der Córdobas im Jahr 1236 und Sevillas im Jahr 1248 macht sich König Fernando III. zum Herrscher über das Tal des Guadalquivirs bis hin zur Küste und verwandelt das Königreich Granada in einen kleinen Staat. Nur die interne Krise des Königreichs Kastilien, hervorgerufen durch rebellische Adlige, hält den König von weiteren Feldzügen ab und zwingt ihn, sich auf die Probleme seines Landes zu konzentrieren.

1492 Das Ende von al-Ándalus

Erst die durch die Ehe von Isabel, Königin von Kastilien und Fernado, König von Aragón, gewonnene politische Einheit erlaubt es dem christlichen Spanien, den langen Eroberungsprozess zu beenden, der seinen Höhepunkt in der Eroberung Granadas 1492 und der Flucht des letzten arabischen Herrschers Boabdil ins Exil findet.

1808–1814 Unabhängigkeitskrieg gegen Napoleon. 1812 wird die erste spanische Verfassung in Cádiz ausgerufen

1704 Der Erbfolgekrieg zwischen den Habsburgern und den Bourbonen endet mit dem Vertrag von Utrecht, und Spanien verliert Gibraltar

1492 Die Neue Welt

Die zumindest wirtschaftlich positive Seite dieser Zeit ist die **Kolonisierung Amerikas** und eines großen Teils Asiens, die von Andalusien aus befehligt wurde. Am 3. August 1492 läuft Christoph **Kolumbus** mit drei Schiffen vom Hafen von Palos de la Frontera in der Provinz Huelva aus. Sein Versuch, Richtung Westen nach Indien zu gelangen, führt zufällig zur »Entdeckung« Amerikas. Wenige Jahre später sticht der portugiesische Seefahrer Ferdinand **Magellan** in Sevilla mit fünf Schiffen in See, eine Expedition, die zur ersten Weltumsegelung wird und Spanien wichtige Kolonien in Asien verschafft. Die Stadt Sevilla, in der sich die Casa de la Contratación (dt. Handelshaus) befindet, bekommt das Handelsmonopol für alle Kolonien, und Andalusien erlebt eine neue Blütezeit.

1609 Die Eroberung

Die ersten Jahrhunderte der christlichen Herrschaft sind Jahre der ethnischen und religiösen Säuberung: Nicht nur die Juden werden vertrieben, sondern auch die Kapitulationsvereinbarungen werden nicht eingehalten, und alle Moslems, die sich weigern, zum katholischen Glauben zu konvertieren, werden gezwungen, das Land zu verlassen. Der traurige Höhepunkt dieser Geschichte ereignet sich 1609, als Felipe II. per Dekret alle »moriscos«, die Nachfahren der arabischen Bevölkerung, die zwangskonvertierten und ihren Glauben weiterhin heimlich ausübten, ins Exil zwingt. Diese Entscheidung hat schwerwiegende Einflüsse auf die Bevölkerung und verlassene Dörfer und Felder zur Folge. Einige Handwerkszweige wie die Seidenproduktion verschwinden vollkommen.

1812 Verfassung von Cádiz

Über die Jahrhunderte festigte sich in Andalusien ein ungerechtes **feudales Herrschaftssystem**, in dem eine kleine Gruppe adliger Familien in Besitz des gesamten Landes war und eine Herrschaft über die große Masse an Bauern ausübte, die fast an Sklaverei grenzte. Am 19. Juli 1808 versetzten die andalusischen Kämpfer den napoleonischen

1931

Ausrufung der
2. Spanischen Republik
am 14. April

1936–1939

Militärputsch, der den Bürgerkrieg und die darauffolgende Diktatur Francisco Francos bedingt

Truppen in der Feldschlacht von Bailén (Provinz Jaén) ihre erste Niederlage und in Cádiz verabschiedeten die dorthin geflüchteten »Cortes Generales« (Parlament) im Jahr 1812 die erste spanische Verfassung und eine der fortschrittlichsten Magna Cartas des 19. Jh., in der Rechte wie ein allgemeines Wahlrecht (zwar nur für Männer) und Pressefreiheit gewährt werden. Aber der Sieg über die französischen Truppen und deren Rückzug führt zur Rückkehr zur **absolutistischen Monarchie** mit König Fernando VIII. an der Spitze des Staates.

1931 2. Republik und Bürgerkrieg

Von allen Versuchen im 19. und 20. Jh., ein dauerhaftes demokratisches Regime zu errichten, ist die 2. Spanische Republik, die am 14. April 1931 ausgerufen wird, der ernsthafteste und rigoroseste. Die republikanische Demokratie erreicht beachtliche Fortschritte in sozialen und politischen Bereichen, aber mit dem **Militärputsch** im Juli 1936, der den schrecklichen Spanischen Bürgerkrieg auslöst, wird alles zunichte

gemacht. In den ersten Tagen des Konflikts erringen die aufständischen Truppen schon die Kontrolle über große Städte wie Córdoba und Sevilla, von denen aus sie die Eroberung ganz Andalusiens koordinieren. Wie auch im Rest des Landes festigen die franquistischen Truppen ihre Herrschaft in den Dörfern und Städten Andalusiens mit einer Strategie des Terrors und des Blutvergießens, die in ganz Spanien die Erschießung von über 200 000 Menschen zur Folge hat.

1975 Tod des Diktators

Die **Diktatur** des Generals Francisco Franco ist in den ersten Jahrzehnten durch politische Repressionen, Hunger, Mangel und Not gekennzeichnet. Ab den 1960er-Jahren beginnt Spanien langsam, sich dem internationalen Handel und Tourismus zu öffnen. Erst der Tod des Diktators am 20. November 1975 erlaubt einen natürlichen und friedlichen Übergang zur **Demokratie**, die Spanien die längste Friedens- und Wohlstandsperiode der modernen Zeit schenkt.

Tod Francos am 20. November, Beginn der Phase des demokratischen Übergangs in Spanien

1992 Sevilla organisiert die Expo, um dem 500. Jahrestag der Reise Christoph Kolumbus' zu gedenken

1975

1982 Erste freie Wahlen zum andalusischen Parlament am 23. Mai

2013 Andalusien leidet mit hohen Arbeitslosenzahlen unter der Wirtschaftskrise

KULINARISCHES LEXIKON

A

aceite – Öl

aceituna – Olive

agua – Wasser

– con (sin) gas – Wasser mit (ohne) Kohlensäure

– mineral – Mineralwasser

aguacate – Avocado

aguardiente – Branntwein, Schnaps

ahumado – geräuchert

ajo – Knoblauch

albaricoque – Aprikose

alcachofa – Artischocke

almeja – Miesmuschel

almendra – Mandel

anchoas – Anchovis

arroz – Reis

asado – Braten

atún – Thunfisch

aves – Geflügel

azúcar – Zucker

B

bacalao – Kabeljau, Stockfisch

bebida – Getränk

bisté, bistec – Beefsteak

bocadillo – Sandwich

brocheta – Spieß

buey – Rind, Ochse

C

cacahuetes – Erdnüsse

café con leche – Milchkaffee

– cortado – Kaffee mit wenig Milch

– solo – schwarzer Kaffee

carne – Fleisch

cazuela – Fischteller, Kasserolle

cebollas – Zwiebeln

cerdo – Schweinefleisch

cerveza – Bier

chorizo – rote Paprikawurst

chuleta – Kotelett

churro – in Öl ausgebackenes Spritzgebäck

cocido – Eintopf mit Fleisch, Kichererbsen und Kartoffeln

D

dátiles – Datteln

dorada – Goldbrasse

dulces – Süßigkeiten

E

ensalada – Salat

– variada – gemischter Salat

escalopa – Schnitzel

espárrago – Spargel

– triguero – (wilder) grüner Spargel

F

fino – trockener Sherry

fresa – Erdbeere

frito – gebacken

fruta – Obst

frutas del mar – Meeresfrüchte

G

garbanzos – Kichererbsen

gazpacho – kalte Gemüsesuppe

guisado – Schmorfleisch

– picante – Ragout

H

helado – Speiseeis

hielo – Eis, Eisstück

hígado – Leber

huevo – Ei

– revueltos – Rührei

J

jabalí – Wildschwein
jamón – Schinken
judías – Bohnen

L

leche – Milch
lechuga – Kopfsalat
lenguado – Seezunge
lenteja – Linse
liebre – Hase
lomo – Lendenstück

M

mantequilla – Butter
manzana – Apfel
mariscos – Meeresfrüchte, Muscheln
melocotón – Pfirsich
membrillo – Quitte
mermelada – Marmelade
morcilla – Blutwurst

N

naranja – Orange
nata – Sahne
nuez – Walnuss

O

olla – gekochter Eintopf

P

paella – Reisgericht
pan – Brot
patatas – Kartoffeln
– fritas – Bratkartoffeln
pastel – Kuchen, Torte
– de patatas – Kartoffelpuffer
pato – Ente
pecho – Brust
pepino – Gurke
pera – Birne
pescado – Fisch
pez espada – Schwertfisch

picadillo – Hackfleischgericht
pimienta – Pfeffer
puchero – Eintopf

Q

queso – Käse

R

ración – »doppelte« Tapa
repollo – Weißkohl
riñones – Nieren

S

sal – Salz
salchicha – Würstchen
salchichón – eine Art Salami
salsa – Sauce
sandía – Wassermelone
solomillo – Filet
sopa – Suppe mit Einlagen
– de verduras – Gemüsesuppe

T

tapa – Appetithäppchen
tarta – gefüllte Torte
ternera – Kalb, Kalbfleisch
tiburón – Haifisch
tocino – Speck
tortilla francesa – Omelett
– española – Omelett mit Kartoffeln
trucha – Forelle
turrón – Mandelgebäck

U

uva – Weintraube

V

vinagre – Essig
vino – Wein
– blanco – Weißwein
– del país – Landwein
– rosado – Roséwein
– tinto – Rotwein

SERVICE

Anreise

MIT DEM AUTO

Wer viel Zeit hat, kann die Anreise mit dem Auto nach Andalusien genießen. Die Strecke hat einiges zu bieten: Südfrankreich, die Pyrenäen, die Mittelmeerküste und die wüstenähnlichen Ebenen in Zentralspanien. Je nach Abfahrtsort in Deutschland beträgt die Länge der Strecke bis nach Südandalusien ca. 2500 km, also rund drei Tage. Man sollte neben den Benzinkosten und den notwendigen Übernachtungen die Gebühren der Autobahnen in Frankreich und Nordspanien bei der Planung der Reise unbedingt berücksichtigen. Auf den Autovías (Autobahnen) gilt ein Tempolimit von 120 km/h. In Ortschaften liegt das Tempolimit bei 50 km/h, auf Landstraßen bei 90 km/h. Eine **Warnweste** sollten Sie unbedingt im Auto haben.

MIT DER BAHN

Es fahren Züge von Deutschland, Österreich und der Schweiz durch Frankreich bis nach Barcelona oder Madrid. Von dort geht es weiter per Hochgeschwindigkeitszug AVE über Córdoba nach Sevilla oder Málaga. Die Fahrt dauert je nach Abfahrtsort zwischen ca. 24 und 36 Stunden. Meist ist es schwierig, den konkreten Reisepreis zu ermitteln, da die Angestellten der Bahnen anderer Länder keine Einblicke in die Tarife der Nachbarländer haben. Man muss allerdings davon ausgehen, dass eine Bahnfahrt nach Andalusien teurer als ein Flug sein kann.

MIT DEM FLUGZEUG

Die schnellste (ca. 2–3 Stunden) und preiswerteste (150–300 €) Möglichkeit der Anreise nach Andalusien ist per Flugzeug. In Andalusien gibt es fünf internationale Flughäfen. Der größte und wichtigste ist in Málaga (http://www.aeropuertodemalaga-costadelsol.com). Von allen größeren deutschen, österreichischen und Schweizer Flughäfen gibt es tägliche Verbindungen nach Málaga mit den Fluggesellschaften Air Berlin, Condor, Easyjet, Iberia, Lufthansa, Ryanair, Swiss Airlines usw. Neben zahlreichen Mietwagenanbietern gibt es Zug- und Busverbindungen vom Flughafen in die Städte. Die Flughäfen von Sevilla (http://www.aena-aeropuertos.es/csee/Satellite/Aeropuerto-Sevilla/es) und Jerez de la Frontera (http://www.aena-aeropuertos.es/csee/Satellite/Aeropuerto-Jerez/es) sind ideale Zielflughäfen für einen Urlaub an der Costa de la Luz. Granada (http://www.aena-aeropuertos.es/csee/Satellite/Aeropuerto-Federico-Garcia-Lorca-Granada-Jaen/en) und Almería (http://www.aena-aeropuertos.es/csee/Satellite/Aeropuerto-Almería/es) haben jeweils nur kleine Flughäfen und werden nur etwa einmal wöchentlich in der Saison von den Fluggesellschaften Iberia, Air Berlin, Easyjet, Ryanair und Spanair bedient.

Jeder Reisende kann auf www.atmosfair.de und www.myclimate.org durch eine Spende für Klimaschutzprojekte für die CO_2-Emission seines Flugs aufkommen.

Auskunft

IN DEUTSCHLAND, ÖSTERREICH UND
DER SCHWEIZ

Spanisches Fremdenverkehrs- und Informationsamt

– Kurfürstendamm 63, 10707 Berlin |
Tel. 0 30/8 82 65 43 | www.spain.info/de
– Walfischgasse 8 (Mzz), 1010 Wien | Tel.
01/5 12 95 80-11 | www.spain.info/de_AT/
– Seefeldstraße 19, 8008 Zürich |
Tel.08 00/10 10 50 50 | www.spain.info/
de_CH/

IN ANDALUSIEN

Fremdenverkehrsbüros sind bei den
einzelnen Orten im Kapitel ANDALU-
SIEN ERKUNDEN angegeben.

Buchtipps

**Gerald Brenan: Südlich von Gra-
nada** (Winfried Jenior Verlag, 2001)
Ein Blick auf den Alltag, die Ge-
wohnheiten, den Glauben und
Aberglauben der Menschen.
**Chris Stewart: Unter den Zitronen-
bäumen** (Goldmann Verlag, 2003)
Chris Stewart bricht alle Brücken
hinter sich ab und baut ein neues
Leben in den Alpujarras auf.
**Robert Wilson: Der Blinde von Se-
villa** (Goldmann Verlag, 2004)
Während man in Sevilla die Semana Santa feiert, ist Inspektor Falcón
mit einem Mordfall beschäftigt.
**Idelfonso Falcones: Die Pfeiler des
Glaubens** (Bertelsmann Vertrag,
2010) Falcones erzählt vom Wandel
des faszinierenden al-Ándalus anhand der Geschichte eines jungen
Mannes zwischen zwei Religionen,
zwischen Aufstand und Frieden

Diplomatische Vertretungen

Generalkonsulat der Bundesrepublik Deutschland ▶ S. 115, westl. a 2

Calle Mauricio Moro Pareto, 2–5 (Edificio
Eurocom – Bloque Sur), Málaga | Tel.
9 52 36 35 91 | www.malaga.diplo.de

Österreichisches Honorarkonsulat
▶ Klappe hinten, südl. f 6

Calle Cardenal Ilundáin 18 (Edificio 1–5 °F),
Sevilla | Tel. 9 54 98 74 76 | consulado.
austria.sevilla@gmail.com

Schweizer Konsulat

Apartado de Correos 7, Málaga | Tel.
mobil 6 45 01 03 03 | malaga@honrep.ch

Einreise

Kindereinträge im Reisepass eines El-
ternteils sind seit dem 26. Juni 2012
nicht mehr gültig. Jedes Kind benötigt
ein eigenes Ausweisdokument.

Feiertage

1. Jan. Año Nuevo (Neujahr)
6. Jan. Epifanía (Heilige Drei Könige)
28. Feb. Día de Andalucía (Andalusi-
entag)
März/April Semana Santa (Karwoche
und Osterfest)
1. Mai Día internacional de los traba-
jadores (Tag der Arbeit)
15. Aug. Asunción de María (Mariä
Himmelfahrt)
12. Okt. Día de la Hispanidad (Tag
der Entdeckung Amerikas)
1. Nov. Todos Los Santos (Allerheilli-
gen)
6. Dez. Día de la Constitución Española (Tag der spanischen Verfassung)
8. Dez. Inmaculada Concepción
(Mariä Empfängnis)
25. Dez. Navidad (Weihnachten)

Granada-Card

Die Karte ist 3 oder 5 Tage gültig und beinhaltet freien Eintritt zu den wichtigsten Monumenten der Stadt sowie freie Nutzung der öffentlichen Verkehrsmittel. Auch der Eintritt in die Alhambra ist hier inklusiert: www.granadatur.com/en/uplevel-menu/granada-card

Geld

Die Banken sind in Spanien in der Regel Mo–Fr 9–14 und Do auch 17–20 Uhr geöffnet. Die meisten Banken verfügen über Geldautomaten (»Cajeros Automáticos«), bei denen man rund um die Uhr mit der EC-Karte Geld abheben kann.

Rufnummern in Spanien bei Kreditkartenverlust:
VISA-Sparkassen, Euro- und Mastercard: Tel. 9 14 35 24 45 und 9 00 99 11 24
VISA-Banken: Tel. 9 14 02 26 00
Diners Club: Tel. 9 12 47 40 00
American Express: Tel. 9 14 59 90 09
Sperr-Notruf: Tel. 116 116

Kleidung

In der Regel reicht im Sommer leichte Kleidung, aber besonders an der Atlantikküste kann es abends recht kühl werden, sodass Sie auch im Sommer eine Jacke und einen dicken Pullover mitnehmen sollten. Da die Klimaanlagen im Sommer oft auf sehr niedrige Temperaturen eingestellt sind, sollte man immer eine Strickjacke oder einen dünnen Schal dabeihaben. Im Spätherbst, Winter und Frühjahr ist das Wetter wechselhaft, Regenjacke und Schirm sind empfehlenswert.

Links

www.tourspain.es
Auf dieser Seite informiert das spanische Fremdenverkehrsamt.
www.andalucia.org
Offizielle Seite der regionalen Tourismusbehörde.
www.turgranada.es
Offizielle touristische Infos über die Stadt Granada.
de.visitcostadelsol.com
Offizielle Tourismusinfos über Málaga und die Costa del Sol.
www.visitasevilla.es
Touristische Infos über Sevilla.
www.wandern-in-andalusien.de
Wandergebiete und Touren, vorgestellt von Jürgen Paeger.
www.anda.de
Internetseite eines deutschen Flamencomagazins mit Infos zu Festivals und Veranstaltungen.

Málaga-Card

Mit der Málaga-Card erhält man freien Eintritt in viele Museen, Tarifermäßigungen im öffentlichen Nahverkehr und Rabatte in Museen und Geschäften: www.malagacard.com/info

Medizinische Versorgung

KRANKENVERSICHERUNG

Der Abschluss einer Auslandsreisekrankenversicherung sollte je nach individueller Situation überlegt werden, ist aber nicht obligatorisch.

KRANKENHAUS

Krankenhäuser befinden sich sowohl in großen Städten als auch in Ferienorten und Urlauberzentren. Es wird Englisch gesprochen, und manchmal wird auch Deutsch verstanden.

Clínica Regena Sol

Hotel Atalaya Park, Carretera de Cádiz, km 169, Estepona | Tel. 9 52 88 59 67 und mobil 6 29 69 07 01

Clínica Dr. Schumann

Deutsche Ärzte für Allgemeinmedizin Villa Alegría/Rancho Wellington s/n, Elviria (neben Hotel Don Carlos), Marbella | Tel. 9 52 85 00 12 und mobil 6 07 97 94 44

APOTHEKEN

Es gibt »farmacias« an fast jeder Ecke. Sie sind Mo–Fr 9–13 und 17–19.30 Uhr und Sa 9–14 Uhr geöffnet, manche auch durchgehend. Abends und sonntags hat jede Apotheke einen Hinweis im Schaufenster auf die Apotheke im Notdienst, »farmacia de guardia«. Sie können viele Medikamente rezeptfrei und preiswerter als zu Hause kaufen.

Nebenkosten

1 Tasse Kaffee .... ca. 1,50 €
1 Glas Bier .... ca. 1,20 €
1 Glas Cola .... ca. 1,80 €
1 Schachtel Zigaretten .... ca. 4,50 €
1 Taxifahrt (pro km) .... ca. 1 €
1 Liter Benzin .... ca. 1,38 €
Mietwagen/Tag ....ab 20 €
1 Tapa ....ca. 2–4 €
1 Glas Rotwein ....ca. 2 €
1 Glas frisch gepressten Orangensaft ...
.... 2–2,5 €

Notruf

Notarzt 112
Polizei 091
Feuerwehr 080 und 085

Polizeiliche Beratung von Touristen in ihrer Muttersprache (SATE) unter Tel. 9 02 99 98 18

Post

Postkarten oder Briefe kosten in EU-Länder 0,75 €. Briefmarken gibt es bei der spanischen Post (gelb und blau »correos«), im Tabakladen oder Kiosk (»estanco«). Die Briefkästen sind gelb.

Reisedokumente

Sie benötigen einem gültigen Reisepass/Personalausweis bzw. ein von den konsularischen Vertretungen in Spanien ausgestelltes Passersatzdokument.

Reiseknigge

Außer in den typischen Urlaubsorten ist die übliche Essenszeit mittags von 14–16 und abends zwischen 20 und 22 Uhr. Das Bezahlen im Restaurant funktioniert in Andalusien etwas anders als bei uns: Der Kellner bringt das Wechselgeld auf einem Teller, darauf können Sie dann ein paar Münzen liegen lassen – üblich sind bis zu 10 %. Wenn die Spanier mit Freunden ausgehen, bezahlen sie die Summe der Rechnung zusammen. Die Rechnungssumme wird einfach durch die Anzahl der Personen geteilt.

Die Andalusier sind eher elegant gekleidet. Auch im Hochsommer sollten die Herren daher z. B. beim Restaurantbesuch auf kurze Hosen verzichten. Outdoorbekleidung und Trekkingsandalen lassen gleich auf Touristen schließen.

Seit Januar 2011 ist in Spanien in Bars, Restaurants und allen anderen geschlossenen Räumen, die öffentlich zugänglich sind, das **Rauchen verboten**. Das Rauchergesetz gilt auch für sämtliche touristische Einrichtungen, Hotels dürfen aber Raucherzimmer anbieten.

Reisezeit

Die besten Besuchsmonate für Andalusien sind April, Mai, Juni, September, Oktober und November. Im Juli und im August kann es in Andalusien relativ heiß sein (35 bis 40º C). Zwischen Februar und Mai liegt normalerweise in Gebirgen wie der Sierra Nevada Schnee. Nehmen Sie warme Kleidung mit und seien Sie vorsichtig, wenn Sie in den Wintermonaten Ausflüge in die Berge machen möchten.

Sevilla-Card

Die Karte ist 24, 48, 72 oder 120 Stunden gültig und beinhaltet freien Eintritt in viele Museen und eine Bootsfahrt auf dem Guadalquivir. Ab 72 Stunden ist auch eine Busrundfahrt und der Eintritt in den Vergnügungspark Isla Mágica inbegriffen. www.sevillacard.es/de

Sicherheit

Insbesondere in den größeren Touristenzentren ist Vorsicht vor Taschendiebstahl und Kleinkriminalität angebracht. Sie können einen Diebstahl bei jeder Polizeistelle anzeigen. Sie benötigen eine Kopie der Anzeige, um den Verlust bei Ihrer Versicherung in Deutschland zu belegen.
Nehmen Sie beim Ausflug nicht viel Geld mit und fragen Sie im Hotel nach einem Safe, um Geld und wichtige Dokumente zu deponieren. Bleiben Sie Menschenansammlungen möglichst fern und achten Sie wie überall an von Touristen besuchten Orten, Flughäfen (auch im Sicherheitsbereich), Bahnhöfen, U-Bahnen, Bussen etc. auf Ihre Wertsachen. Geben Sie kein Geld und lassen Sie sich nicht von den Frauen

mit Rosmarin ansprechen. Sie stehen vor den Kathedralen in Granada und Sevilla oder der Mezquita in Córdoba und versuchen Ihnen Rosmarin zu schenken und in Ihrer Hand zu lesen.

Strom

In Spanien benötigen Sie keinen Adapter, die Spannung beträgt 230 Volt.

Telefon

D, A, CH nach Spanien: 00 34
Spanien nach D: 00 49
Spanien nach A: 00 43
Spanien nach CH: 00 41

Telefonnummern von Teilnehmern in der Provinz Almería beginnen mit 9 50 (danach folgt die Telefonnummer), in Córdoba mit 9 57, in Granada mit 9 58, in Huelva mit 9 59, in Jaén mit 9 53 und in Málaga und Sevilla mit 95. Mobiltelefonnummern beginnen meist mit der Ziffer 6. Die GSM-Netze in Spanien sind Movistar, Vodafone und Orange.

Tiere

Hunde und Katzen benötigen zur Einreise einen EU-Heimtierausweis (stellt der Tierarzt aus) mit Nachweis einer Tollwutimpfung. Das Tier muss durch einen Mikrochip identifizierbar sein. Haustiere sind in den meisten Hotels unerwünscht. Auch in den Restaurants müssen Hunde meist draußen bleiben.

Verkehr

AUTO

Die großen Städte Andalusiens sind durch Autobahnen verbunden. Außer der Maut zwischen Sevilla und Cádiz auf der AP-4 und der Maut auf der AP-7 bei Málaga sind sie gebührenfrei.

FAHRRAD

Mittlerweile ist das Fahrradwegenetz in Städten wie Sevilla, Granada und Málaga besser geworden. Sie erhalten mehr Informationen über Fahrradwege und Fahrradverleih in Sevilla unter www.sevilla.org/sevillaenbici/, in Granada unter www.movilidadgranada.com/bici/carril.php und in Málaga unter http://movilidad.malaga.eu/portal/menu/movilidad-en-malaga/secciones/movilidad-en-bicicleta-.

Außerdem können Sie auch Fahrradtouren durch Andalusien organisieren lassen, um das Land anders zu erleben. Mehr Infos unter www.biketoursmalaga.com/de und www.andalusienradreisen.com

MIETWAGEN

In Andalusien sind alle großen internationalen Autoverleiher vertreten. Es gibt an Flughäfen, Bahnhöfen und Busbahnhöfen Autovermietungsfirmen, wo Sie direkt und problemlos für 20–40 € am Tag ein Auto mieten können. Auch große Hotels kooperieren mit den Vermietern.

Avis ▶ S. 115, westl. a 1

Aeropuerto de Málaga – Terminal 2 | 29004 Málaga | Tel. 9 02 10 93 84 | www.avis.es

Europcar ▶ Klappe hinten, östl. f 4

San Pablo Aeropuerto – Sevilla | 41020 Sevilla | Tel. 9 02 10 50 55 | www.europcar.es

Sixt C 5

Aeropuerto Jerez de la Frontera | Carretera De Sevilla NIV, km 631 | 11401 Jerez de la Frontera | Tel. 9 02 49 16 16 | www.sixt.es

Hertz ▶ S. 131, a 1

Av Fuente Nueva | 18002 Granada | Tel. 9 58 20 44 54 | www.hertz.es

ÖFFENTLICHE VERKEHRSMITTEL

Andalusien verfügt über ein gutes Busnetz. In größeren Ortschaften gibt es immer einen Busbahnhof (»estación de autobuses«). Preisbeispiele: Málaga–Granada: ca. 11 €, Málaga–Sevilla: ca. 18 €. Die bekannteste Busgesellschaft ist Alsa (www.alsa.es).

Klima (Mittelwerte)

	Januar	Februar	März	April	Mai	Juni	Juli	August	September	Oktober	November	Dezember
Tages-temperatur	16	16	18	20	22	26	29	29	27	23	19	17
Nacht-temperatur	8	9	11	13	15	18	21	22	20	16	12	9
Sonnen-stunden	6	6	7	8	10	11	11	11	9	7	6	6
Regentage pro Monat	6	4	5	5	3	1	1	1	3	5	4	5
Wasser-temperatur	14	14	14	15	17	19	22	23	22	20	17	15

Weniger gut entwickelt ist das Bahnnetz in Andalusien. Im Vergleich zum Bus liegen die Preise weitaus höher. Die AVE-Hochgeschwindigkeitszüge verkehren zwischen Córdoba, Sevilla und Málaga und sind sehr viel teuer.

TAXI

Die Taxis in Andalusien sind meist weiß mit einem farbigen Streifen. Die Tarife sind unterschiedlich und vor allem in den großen Städte sowie nachts und an Feiertagen höher. Die Grundgebühr liegt bei ca. 3–4 € und der Kilometerpreis bei ca. 1 €.
Radiotaxi Sevilla: Tel. 9 54 58 00 00 und 9 54 57 11 11
Granada Taxi: Tel. 9 58 28 06 54
Radiotaxi Málaga: Tel. 6 77 19 86 87 und 6 29 50 56 91
Radiotaxi Córdoba: Tel. 9 57 76 44 44

Zeitungen Und Zeitschriften

Deutschsprachige Zeitungen und Zeitschriften sind in den Ferienorten an der Küste und in der Großstädten in vielen Kiosken zu finden.

Zeitverschiebung

MEZ – keine Zeitverschiebung.

Zoll

Reisende aus Deutschland und Österreich dürfen Waren abgabenfrei mit nach Hause nehmen, wenn diese für den privaten Gebrauch bestimmt sind. Bestimmte Richtmengen sollten jedoch nicht überschritten werden (z. B. 800 Zigaretten, 10 l Spirituosen, 10 kg Kaffee). Weitere Auskünfte unter www.zoll.de und www.bmf.gv.at/zoll. Reisende aus der Schweiz dürfen Waren im Wert von 300 SFr abgabenfrei mit nach Hause nehmen, wenn diese für den privaten Gebrauch bestimmt sind. Tabakwaren und Alkohol fallen nicht unter diese Wertgrenze und bleiben in bestimmten Mengen abgabefrei (z. B. 200 Zigaretten oder 2 l Wein). Weitere Infos unter www.zoll.ch.

Entfernungen (in km) zwischen wichtigen Orten

	Almería	Cádiz	Córdoba	Granada	Huelva	Jaén	Jerez de la Frontera	Málaga	Ronda	Sevilla
Almería		453	360	162	505	218	421	220	312	407
Cádiz	495		262	294	219	374	37	240	149	125
Córdoba	360	262		166	240	108	231	167	162	140
Granada	162	294	166		347	94	263	133	178	248
Huelva	505	219	240	347		346	230	308	222	94
Jaén	218	374	108	94	381		295	211	224	241
Jerez de la Frontera	421	37	231	263	230	295		206	117	92
Málaga	220	240	167	133	308	209	206		100	205
Ronda	312	149	162	178	222	224	117	100		128
Sevilla	407	125	140	248	94	241	92	205	128	

ORTS- UND SACHREGISTER

Wird ein Begriff mehrfach aufgeführt,
verweist die **fett** gedruckte Zahl auf die Hauptnennung.
Abkürzungen: Hotel [H] · Restaurant [R]

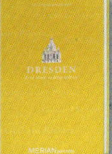

Erlesene

Auf den Spuren berühmter
Persönlichkeiten

Ziele

MERIAN

Die Lust am Reisen

Liebe Leserinnen und Leser,

vielen Dank, dass Sie sich für einen Titel aus unserer Reihe MERIAN *momente* entschieden haben. Wir wünschen Ihnen eine gute Reise. Wenn Sie uns nun von Ihren Lieblingstipps, besonderen Momenten und Entdeckungen berichten möchten, freuen wir uns. Oder haben Sie Wünsche, Anregungen und Korrekturen? Zögern Sie nicht, uns zu schreiben!

Alle Angaben in diesem Reiseführer sind gewissenhaft geprüft. Preise, Öffnungszeiten usw. können sich aber schnell ändern. Für eventuelle Fehler übernimmt der Verlag keine Haftung.

© 2014 TRAVEL HOUSE MEDIA GmbH, München
MERIAN ist eine eingetragene Marke der GANSKE VERLAGSGRUPPE.

TRAVEL HOUSE MEDIA
Postfach 86 03 66
81630 München
merian-momente@travel-house-media.de
www.merian.de

Alle Rechte vorbehalten. Nachdruck, auch auszugsweise, sowie die Verbreitung durch Film, Funk, Fernsehen und Internet, durch fotomechanische Wiedergabe, Tonträger und Datenverarbeitungssysteme jeglicher Art nur mit schriftlicher Genehmigung des Verlages.

BEI INTERESSE AN MASSGESCHNEIDERTEN MERIAN-PRODUKTEN:
Tel. 0 89/4 50 00 99 12
veronica.reisenegger@travel-house-media.de

BEI INTERESSE AN ANZEIGEN:
KV Kommunalverlag GmbH & Co KG
Tel. 0 89/9 28 09 60
info@kommunal-verlag.de

1. Auflage

VERLAGSLEITUNG
Dr. Malva Kemnitz
REDAKTION
Richard Schmising
LEKTORAT
Waltraud Ries
BILDREDAKTION
Lisa Grau, Tobias Schärtl
SCHLUSSREDAKTION
Ulla Thomsen
HERSTELLUNG
Bettina Häfele, Katrin Uplegger
SATZ/TECHNISCHE PRODUKTION
h3a GmbH, München
REIHENGESTALTUNG
Independent Medien Design, Horst Moser, München (Innenteil), La Voilà, Marion Blomeyer & Alexandra Rusitschka, München und Leipzig (Coverkonzept)
KARTEN
Gecko-Publishing GmbH für MERIAN-Kartographie
DRUCK UND BINDUNG
Firmengruppe APPL, aprinta Druck, Wemding

Ein Unternehmen der
GANSKE VERLAGSGRUPPE

PEFC
PEFC/04-32-0928

BILDNACHWEIS
Titelbild: Casares, Costa del Sol /mauritius images: imagebroker/D. Schönen
Bildagentur Huber: P. Giocoso 15, L. Grandadam 13 l, Kaos 6, S. Scattolin 78, R. Schmid 62, 66, 75 A. Serrano 56 | Bildagentur-online: 33Moreno | Corbis 60/61, 123 | ddp images: Camera Press 108 | dpa Picture-Alliance: J. Ferreras 166 | F1online 69, 76 | Fotolia 14 o | Getty Images: 2, 29, 91, 101, 127, 162/163 | Glow-Images 164 | Imago: imagesbroker 137 | Interfoto: Photasia 190 u | JALAG 22, 25 | Laif: Arcaid/D. Cabrera, Gonzales 70, M. Gumm 16, 19, hemis.fr/M. Dozier, hemis.fr/G. Gerault 92, hemis.fr/R. Mattes 4/5, hemis.fr/Hoa-Qui/L. Grive 138, Hoa-Qui/Y. Guichaoua 83, hemis.fr/Philiippe 157, G. Knechtel 86, Reporters/N. Hannes 159, D. Schmid 81, 97, F. Tophoven | Look-foto 20/21, 38, 41, 85, 105, 106, 112, 144, 154/155, 161, 190 u | mauritius images: AGE 50, 55, 118, Alamy 13 r, 46, 54, 88, 124, 150, United Archives 141 | Prisma: J. D. Dallet 121, 143, M. Galyn 26, 134, D. Kutlayev 52, L. Vallecillos 37 | Schapowalow: 153, SIME 73 | Schutterstock 128, 170, 173 l, 174 r, 175 | Vario images: imagebroker 12 | Wikipedia 171 l, 171 r, 172, 173 r, 174 l | Your Photo Today 147

GESTERN & HEUTE

Unverändert thront der Torro del Oro seit 800 Jahren am Ufer des Guadalquivir und wacht über die Stadt Sevilla. Der unter dem muslimischen Stadthalter Abū l-'Ulā' erbaute Turm hatte einen Zwillingsturm auf der gegenüberliegenden Flussseite. Zwischen beiden war eine Kette gespannt mit deren Hilfe der Hafen von Sevilla gegen stromaufwärts fahrende (Kriegs-)Schiffe geschützt werden sollte. Heute beherbergt der Turm ein Schifffahrtsmuseum.